Les premières victimes du transhumanisme

La Ruée vers l'Or des Mongols

DU MÊME AUTEUR

Le professeur Jérôme Lejeune, fondateur de la génétique moderne, Mame, 1997

La trisomie est une tragédie grecque, Salvator, 2009

Nascituri te salutant, la crise de conscience bioéthique, Salvator, 2009

Entre ciel et mère, Marine Bayer, Le Rocher, 2013

Jean-Marie Le Méné

Les premières victimes du transhumanisme

La Ruée vers l'Or des Mongols

Pierre-Guillaume de Roux

41, rue de Richelieu – 75001 Paris
www.pgderoux.fr

« Quand la trisomie vaudra de l'or, le ventre des femmes ne leur appartiendra plus. »

Sommaire

Avant-Propos

Aujourd'hui, la quasi-totalité d'une population triée sur le critère de son génome imparfait a disparu.

L'extinction de cette partie de l'humanité est le fait d'un eugénisme efficace vendu par des marchands, acheté par l'État et mis en œuvre par la médecine. Dans l'histoire, c'est un événement sans précédent.

Depuis vingt ans je l'ai dit, je l'ai écrit et je l'ai combattu.

De guerre lasse, j'étais prêt à entendre ceux qui me conseillaient de déposer les armes. Mais trois faits inattendus et graves, qui m'ont impliqué personnellement, m'incitèrent à reprendre la plume. Ils n'annonçaient rien de bon.

Le premier événement remonte à l'été 2014. À l'occasion de la journée mondiale de la trisomie 21, la fondation que je préside avait contribué – avec l'aide du célèbre publicitaire italien Saatchi

& Saatchi – à la réalisation d'une vidéo qui a connu un vif succès. Elle présentait de jeunes adultes trisomiques de plusieurs pays et langues qui remerciaient leurs mamans parce qu'ils étaient heureux. Tout simplement heureux de vivre. Regards rétrospectifs de reconnaissance filiale. Le titre de la vidéo était : *Dear future mom, Chère future maman*. Et en même temps, regards prospectifs de confiance maternelle en l'avenir. La vidéo, vue 7 millions de fois, a été la campagne la plus partagée dans le monde pendant 24 h. Elle a été primée à Cannes et a reçu plusieurs Lions d'Or au Festival International de la Créativité. Elle a été projetée dans l'enceinte de l'ONU à New York, saluée, encouragée et retweetée par le Premier Ministre italien Matteo Renzi, elle a fait une pleine page dans le magazine *Vanity Fair* en Italie, etc.

Et puis, sans crier gare, au cœur de l'été 2014, en des termes choisis, le Conseil supérieur de l'audiovisuel (CSA) a publié un avis critique sur cette campagne, reprochant aux chaînes de télévision de l'avoir relayée et leur enjoignant de ne plus réitérer.

Tout d'un coup, une lumière s'éteignait sur des visages à peine sortis de l'ombre. Après avoir chèrement acquis leur visibilité au XXe siècle, grâce à la découverte de la cause scientifique de leur handicap qui délivrait les familles d'une culpabilité injuste, les trisomiques étaient brutalement priés de redevenir invisibles, comme ils l'avaient toujours été depuis des millénaires. Traités de Mongols, Mongoliens, Mongoloïdes, jusqu'au moment où on se débarrassa du préjugé raciste expliquant leurs malheurs (une dégénérescence de la race blanche vers la race jaune !), ils redevenaient symboliquement Mongols, Mongoliens, Mongoloïdes. Sinon, pourquoi vouloir les reléguer, comme autrefois, dans les coulisses de l'existence ? C'était un pas en arrière de cinquante ans.

Par voie d'avocat, j'ai essayé de faire revenir le CSA à de meilleurs sentiments, mais son avis était paraît-il irréformable, intouchable, gravé dans le marbre... *Quod scripsi, scripsi !* En revanche, quand j'ai découvert le pot aux roses, la raison de cette déraison, le pourquoi du blackout décrété par le CSA sur certains humains triés arbitrairement, je me suis promis de ne pas me taire.

Un deuxième fait que j'avais vécu peu de temps auparavant prenait alors toute sa dimension. Il s'agissait d'une émission de radio à laquelle j'avais participé sur France Inter, intitulée *La tête au carré*. Le thème portait sur le nouveau dépistage anténatal de la trisomie 21 qui promettait d'être performant à 100 %. Dans le studio, n'étaient invités que des partisans de ce progrès technique : Sandrine Cabut, journaliste au *Monde*, Claude Halmos, psychanalyste, Jean-Didier Vincent, professeur de médecine.

Et moi, le seul à être opposé à la promotion de cette nouvelle technique, plus efficace, qui allait renforcer l'eugénisme. D'emblée, le professeur, entreprit de défendre âprement la future technique de dépistage :

– Allez au fond de votre idéologie, vous êtes contre la suppression, contre l'eugénisme qui élimine les trisomiques. C'est tout, c'est clair ! Ne biaisez pas là-dessus !

Il y avait de l'électricité dans l'air. Le ton montait. J'étais seul :

– Non, je ne biaise pas. Sélectionner une population sur le critère de son génome et éliminer quasi complètement cette population sous bannière médicale, c'est-à-dire sous pavillon de complaisance de la médecine, cela pose quand même un problème.

– Allez-y, défendez ce point de vue !, postillonna mon contradicteur.

– C'est ce que je dis.

Alors, Jean-Didier Vincent, neurobiologiste, professeur de médecine, devenu cramoisi, sortit littéralement de ses gonds et se mit à hurler en direct dans le micro de France Inter, à des centaines de milliers d'auditeurs, une phrase qui restera dans les annales :

– *Mais pourquoi faut-il conserver les trisomiques qui sont quand même un poison dans une famille, il faut bien le dire ?!*

Le mot était lâché : les trisomiques sont un *poison* !

– Ah, je trouve intéressant de le dire comme ça !, répondis-je, imperturbable.

– Eh oui !

– C'est très clair !

Effectivement, il était devenu très clair qu'à partir du moment où un patient pouvait être traité publiquement de *poison* par un médecin, c'était qu'une partie de la médecine avait délibérément changé de camp. Elle n'était plus du côté des malades, elle n'était plus dans le camp de l'humanisme, elle avait déserté l'homme. Mais qu'est-ce qui incitait la médecine à se renier, de quel côté se rangeait-elle, quelle puissance monstrueuse était capable de lui arracher un parjure du Serment d'Hippocrate ?

Je songeais à la phrase prémonitoire de Bernanos en 1947, dans *La Liberté pour quoi faire ?* : « Toute la puissance technique de l'univers est destinée à passer ainsi, tôt ou tard, entre les mains de l'organisation économique la plus puissante et la mieux outillée. La civilisation totalitaire et concentrationnaire se sera refermée sur vous. Il faut se hâter de sauver l'homme, parce que demain il ne sera plus susceptible de l'être, pour la raison qu'il ne *voudra* plus être sauvé ».

Un troisième événement enfin m'avait profondément marqué qui pouvait être mis en perspective avec les deux précédents. Cela se passait au cours de la révision de la dernière loi de bioéthique. En Commission spéciale, le député Olivier Dussopt venait de comprendre le mécanisme du dépistage anténatal, découvrait que 96 % des enfants dépistés trisomiques étaient avortés, mais restait intransigeant devant la proposition d'assouplir la rigueur d'un tel système. Pire, il s'écria d'un air dépité : « Pourquoi il en reste 4 % ? ». Afin de ne pas laisser passer de pareils propos, je fis acheter une page dans un grand quotidien et la phrase du parlementaire connut son heure de gloire. Elle montrait pourtant une évidence : toute logique tend à sa perfection, celle de l'eugénisme comme les autres, quand elle n'est pas soumise à une logique supérieure, en l'occurrence quand le référentiel de la protection inconditionnelle du plus faible est purement et simplement récusé.

Quelques jours plus tard, j'étais invité sur le plateau de télévision de La Chaîne Parlementaire, à propos du projet de loi sur la bioéthique. Face à moi, le sénateur Alain Milon, le Pr Hervé Chneiweiss, directeur de recherche au CNRS et Mme Najat Vallaud Belkacem. Encore une fois, j'étais seul contre quatre, car le journaliste, lui aussi, a eu fâcheusement tendance à épouser le parti de la transgression.

Ce n'est qu'après l'émission, hors antenne, que Mme Najat Vallaud Belkacem, tout sourire, est venue me trouver pour me confier :

– Vous savez qu'Olivier Dussopt a été très blessé par vos critiques sur les 4% de trisomiques non dépistés. Son propos a été mal compris. En réalité, c'est quelqu'un qui aime beaucoup les enfants trisomiques...

On se demande ce qu'il aurait osé dire s'il ne les aimait pas ! Je crois que, comme beaucoup de Français, ce député préférait se conformer au discours officiel sur les bienfaits du dépistage généralisé de la trisomie et surtout ne pas avoir à connaître une réalité soigneusement tenue cachée.

Ces trois épisodes récents, qui s'ajoutaient à mon expérience déjà longue, me confortèrent dans la décision d'écrire ce livre. J'ai enquêté, j'ai investigué, j'ai interrogé. Il ne suffit pas de déplorer l'élimination des trisomiques et de se contenter de ne pas vouloir en être complice. Une société qui s'inflige, de manière continue, un « massacre des innocents » qui peut aller jusqu'au terme de la grossesse, émousse sa sensibilité et devient intolérante. Il y a, comme dit Bernanos, une puissance technique et une puissance économique qui s'additionnent et finissent par balayer tout souci moral. Ce qui pourrait être utile, c'est de comprendre comment cette conjonction de puissances s'installe et rejoint la définition du « bio-pouvoir » que Michel Foucault avait développée dans son texte *La volonté de savoir, droit de mort et pouvoir sur la vie*. Un « bio-pouvoir » caractérisé par l'administration des corps et de la gestion calculatrice de la vie.

Une redoutable machine à trier les humains arrive du « Far West » sur le marché européen, puis mondial, précédée d'une clinquante caravane commerciale.

C'est pourquoi j'ai choisi *La Ruée vers l'Or des Mongols* pour sous-titre de mon livre. *La Ruée vers l'Or* fait référence à une dynamique mue essentiellement par l'appât du gain, à cette force mystérieuse qui commande de se mettre en branle et pour laquelle compte surtout le rendez-vous avec l'argent. Et dans le cas de la trisomie, c'est le moins que l'on puisse dire.

Quant au mot de *Mongols*, il renvoie à une catégorie de personnes, stigmatisées par leur génome et déclassées dans notre espèce, qui ne présentent plus d'autre intérêt que celui d'être désignées comme les cibles d'une chasse à l'homme planétaire de plus en plus sophistiquée.

Ainsi l'homme n'est-il plus dans l'homme et peut-on parler des *premières victimes du transhumanisme*.

1

Hiroshima 2015

7 août 2015. Le journal *Le Monde* titre avec circonspection : « Après Hiroshima, les nouvelles menaces scientifiques. »

Cette accroche est très éloignée de ce que le même quotidien titrait le 8 août 1945 : « *Une révolution scientifique*, les Américains lancent leur première bombe atomique sur le Japon. »

Soixante-dix ans après Hiroshima, tout en se gardant bien d'épiloguer sur le titre douteux qu'il avait choisi le 8 août 1945, *Le Monde* interroge prudemment des chercheurs pour savoir s'ils pressentent un équivalent de ce drame dans leur domaine de compétence. Avec une question centrale : « Quel pourrait être l'impact d'un « Hiroshima » issu de votre discipline ? ». Sont convoquées les professions qui flirtent avec le transhumanisme, cette utopie technologique qui promet de nous faire passer de l'homme réparé à l'homme augmenté puis modifié, basculant dans une nouvelle espèce. Un informaticien, spécialiste de l'intelligence artificielle et de robotique, met en garde contre les armes autonomes et les robots tueurs. Un mathématicien pointe les risques de cyberattaque. Un virologue souligne que les scientifiques ont peu de courage hors du laboratoire et ne peuvent rien face aux politiques et donc à l'argent. Un microbiologiste confirme que le détournement d'une découverte n'est généralement pas ce qu'un chercheur perçoit à première vue. On sent que les menaces planent et que l'inquiétude règne.

Mais la surprise vient du médecin qui est interrogé. Etrangement, pour donner la parole à un clinicien, *Le Monde* choisit un gynécologue obstétricien, le Dr Jacquemard, qui plus est coordonnateur du centre pluridisciplinaire de diagnostic prénatal de l'Hôpital américain de Paris. Cet hôpital a été l'un des premiers à proposer, en France, un dépistage prénatal de la trisomie 21 - tout à fait révolutionnaire – grâce à un nouveau test qui met en évidence l'ADN du fœtus directement dans le sang maternel. Test non invasif, qui ne comporte pratiquement plus aucune incertitude, entraîne une solution radicale considérée comme inévitable, annonce une extension à bien d'autres pathologies que la trisomie, et signe le triomphe du « tout génétique ».

À la question : « Quel pourrait être l'impact d'un « Hiroshima » issu de votre discipline ? », le héraut de la sélection génétique nouvelle génération répond d'emblée : « Il ne faut pas redouter Hiroshima. » Propos étonnant ! Le seul scientifique à ne pas exprimer de crainte, de doute ou de remords face à un progrès technique avalé tout cru est le médecin qui pratique le dépistage des enfants trisomiques avec une performance redoublée puisqu'il n'en naît pratiquement plus, la quasi-totalité des fœtus atteints étant éliminés avant la naissance. Le seul scientifique à ne pas ériger Hiroshima comme butoir, comme limite, comme curseur dans la transgression, c'est le médecin qui pratique l'eugénisme moderne, démocratique et décomplexé de la trisomie 21 :

« Il ne faut pas redouter Hiroshima, il faut faire en sorte de travailler pour organiser les conséquences des nouvelles avancées. Je ne pense pas que l'on puisse stopper les innovations scientifiques et leurs applications potentielles. Il en sort le plus souvent de grands bénéfices. Vouloir mettre en place une coercition, ou à l'inverse ne pas organiser les développements possibles, est sans doute susceptible d'avoir dans les deux cas des effets indésirables. Il n'est pas possible de faire autrement que d'accompagner, organiser, valoriser les avancées scientifiques. Cela suppose travail, ouverture pour ne pas brider les moyens d'accéder aux nouvelles possibilités, et indépendance, au service de l'amélioration de la santé, notre bien commun. »

Ces propos, recueillis par la journaliste Sandrine Cabut, sont un chef d'œuvre de catéchisme transhumaniste. La technologie est souveraine, féconde et a priori bienveillante, il ne sert à rien de s'y opposer, même lorsqu'elle utilise des moyens comme l'eugénisme qu'une morale surannée aurait condamnés. Il faut au contraire l'accompagner, « organiser ses conséquences », « valoriser ses avancées », pour le bien de tous, la santé. « Il n'est pas possible de faire autrement » : nous sommes sous le coup d'une sorte de *fatum*.

Malheureusement, en l'occurrence, il est difficile de choisir plus mauvais exemple, le dépistage de la trisomie étant à l'opposé d'une véritable démarche de santé, puisque, comme chacun sait, ce n'est pas la maladie qui est traquée mais le malade, tous les malades...

Autrement dit, la seule application technologique citée qui a déjà vraiment basculé vers un nouvel Hiroshima (l'élimination massive d'une population) non seulement n'est pas perçue comme telle et n'est pas prévenue, mais fait l'objet d'éloges plutôt flatteurs. En matière médicale, Hiroshima n'est plus un repoussoir c'est un modèle, Hiroshima est intégré, le transhumanisme a gagné. Nous sommes déjà dans un autre paradigme où l'humanisme classique qui nous enjoignait de protéger le plus faible est jeté aux oubliettes de l'histoire. L'évolution de l'humanité continue inexorablement, elle se poursuit avec la sélection artificielle qui succède désormais à la sélection naturelle, dans la plus pure tradition néo-darwinienne. Le médecin interrogé le justifie d'ailleurs, comme il convient, avec tous les codes en usage :

« La loi Veil de 1975 a permis aux professionnels de travailler dans des conditions privilégiées en résistant aux pressions de tous bords afin d'aider chaque couple confronté au diagnostic prénatal à cheminer en paix vers ce qui sera pour lui et l'enfant conçu la prise en charge la plus adaptée. Ethique et psychanalyse sont indissociables de cette démarche ».

Mélange de positivisme (la loi est morale), d'euphémisme (travailler), d'emphase (résister aux pressions de tous bords) et de terrorisme compassionnel (cheminer en paix)...

En somme, entre son triomphalisme scientiste du 8 août 1945 et sa position du 7 août 2015, *Le Monde* a consenti à réduire la voilure, il n'affiche plus le même progressisme aveugle, principe de précaution oblige. Il veut bien accepter de voir des risques d'Hiroshima, mais à l'exception formelle d'un domaine et d'un seul, celui de l'eugénisme médical qui est pourtant la quintessence du transhumanisme. Là, tout est permis y compris le pire.

Tel est le destin des exactions de grande ampleur que de commencer par être cachées, niées ou minimisées avant le passage inévitable d'une justice qui peut se faire attendre mais qui finit toujours par arriver.

Sans revenir sur les composantes détaillées du transhumanisme qui font l'objet d'innombrables publications, on rappellera simplement que le terme a été utilisé pour la première fois par Jullian Huxley, le frère d'Aldous Huxley, l'auteur du *Meilleur des mondes*. Jullian était un biologiste qui s'illustra notamment par la promotion d'un eugénisme positif, un eugénisme « de gauche », fondé sur les choix individuels et le réinvestissement dans le contrôle des naissances. Jullian Huxley a été celui qui, après la guerre, redonna ses lettres de noblesse à un certain eugénisme débarrassé des monstruosités du nazisme. Il a blanchi l'eugénisme de ses taches historiques. Paradoxalement, il fut le fondateur et le premier directeur de l'Unesco en 1946. Sur les ruines d'un monde déshumanisé, Jullian Huxley est celui qui a posé la première pierre d'un monde transhumanisé.

Dans les années 60, on assista aux succès de cette contre-culture nourrie, aux États-Unis, de recherche technologique dans la Silicon Valley et de libération sexuelle made in Californie.

Aujourd'hui, si tout le monde ne se reconnait pas dans le transhumanisme, loin s'en faut, celui-ci s'exprime quand même au grand jour et influence à notre insu nombre de pratiques médicales dont nous sommes devenus familiers : le corps vu comme un assemblage de cellules modulables, modifiables, modelables à volonté, défini comme un projet à construire (songeons au projet parental qui définit l'enfant dans les lois de bioéthique), l'intolérance aux déficiences du corps, la culpabilisation de ceux qui donnent la vie à des êtres « imparfaits » ou veulent les laisser en vie, l'illusion de faire mourir la mort par l'anesthésie de la mort, la confiance accordée à ceux qui font profession de faire, défaire, refaire, parfaire la vie humaine en éprouvette, dans des matrices artificielles ou louées (les nounous prénatales), la frontière volontairement brouillée entre l'homme et l'animal, entre l'homme et la machine, le réel et le virtuel, la vie et la mort, etc.

De plus en plus, le transhumanisme s'impose dans le domaine médical. Fût-ce au prix d'un nouvel Hiroshima parfaitement silencieux. Il faut relire Camus qui, évoquant Hiroshima, donne une définition du transhumanisme, sans le désigner :

« La civilisation mécanique vient de parvenir à son dernier degré de sauvagerie. Il va falloir choisir, dans un avenir plus ou moins proche, entre le suicide collectif ou l'utilisation intelligente des conquêtes scientifiques. En attendant, il est permis de penser qu'il y a quelque indécence à célébrer ainsi une découverte qui se met d'abord au service de la plus formidable rage de destruction dont l'homme ait fait preuve depuis des siècles. Que dans un monde livré à tous les déchirements de la violence, incapable d'aucun contrôle, indifférent à la justice et au simple bonheur des hommes, la science se consacre au meurtre organisé, personne sans doute, à moins d'idéalisme impénitent, ne songera à s'en étonner. »

De nos jours, personne ne s'étonne plus de rien, la rupture permanente est normale, mais ça va plus loin. Ce sont ceux qui s'opposent aux nouveaux Hiroshima transhumanistes qui sont mis à la question et ont à rendre des comptes, à l'inverse de ce qui s'est passé il y a soixante-dix ans pour ceux qui ont largué la bombe atomique sur le Japon.

Pourtant, derrière l'« idéalisme impénitent » que suscite l'utopie technologique, il reste à découvrir cet aspect méconnu et peu reluisant qui structure puissamment le transhumanisme, à savoir une dimension financière, lucrative, quand elle n'est pas délictuelle. Ainsi, l'argent n'a jamais été aussi présent que dans le développement et la généralisation mondiale du dépistage anténatal de la trisomie 21. Mieux, il en est le principal moteur.

C'est sur la côte Ouest des États-Unis qu'a commencé *La Ruée vers l'Or des Mongols*. C'est donc vers l'Amérique que nous allons d'abord jeter nos filets.

2

Un Google du tri génétique

La vie est belle à San Diego en Californie. Harry Stylli reçoit des journalistes avec la plus grande décontraction, mollement étendu dans l'un des fauteuils de son vaste bureau. « Vous prendrez bien quelque chose à boire ? », leur demande-t-il, tout sourire ?

Harry. Le nom de quelqu'un. Le nom de personne. Un nom comme les autres. Un Américain parmi des centaines de millions.

Il est le PDG d'une société qui s'appelle Sequenom. Une entreprise de biotechnologie, une « biotech », comme il en existe beaucoup sur la côte Ouest des États-Unis.

Mais ce qui distingue Harry des autres, c'est que sa firme est en train de connaître des heures de gloire. Et que lui, il est en train de réussir un coup formidable. Tout va très bien.

Pourtant, l'entreprise créée en 1994 ne valait pas grand-chose quand il y est arrivé en juin 2005.

L'activité de Sequenom était d'analyser l'ADN, le génome, les gènes, les chromosomes, le code génétique. Inutile de préciser que la concurrence était rude.

Vaste ambition que de redresser une telle boîte dans un secteur où on se marche sur les pieds, mais, comme le souligne lui-même Harry aux journalistes : « J'ai rejoint une entreprise en difficulté qui avait besoin d'un revirement, et c'est ce que j'ai fait. »

Et pas n'importe quel revirement !

Quatre mois après son arrivée, en octobre 2005, il acquiert d'Isis Innovation Ltd, qui est une société de transfert de technologie affiliée à l'Université d'Oxford, tous les droits d'exploiter les nouvelles techniques de diagnostic prénatal issues des travaux d'un certain professeur Dennis Lo.

De qui et de quoi s'agit-il ?

Dennis Lo, aujourd'hui professeur à l'Université chinoise de Hong Kong, a prouvé, quand il travaillait encore à Oxford, que de petits fragments de l'ADN appartenant au fœtus circulent dans le sang de sa mère enceinte. En comptant les séquences de gènes anormaux dans des échantillons de sang de la mère, on peut déterminer si le fœtus est atteint d'une maladie génétique. Découverte extraordinaire dont l'intuition première remonte à 1969, année au cours de laquelle une équipe de Californie avait identifié des chromosomes Y dans le sang de femmes enceintes de garçons. Or les chromosomes Y ne sont normalement présents que chez les hommes. Dès lors, grâce à une simple prise de sang de la femme enceinte, on peut analyser l'ADN du fœtus.

La conséquence est prodigieuse. En effet, il ne serait plus nécessaire à la femme enceinte de se soumettre à certain tests pénibles, notamment comme celui de l'amniocentèse. Cet examen qui consiste à extraire du liquide amniotique au moyen d'une grande aiguille – pour analyser l'ADN du fœtus avec une totale fiabilité – est à la fois angoissant pour la mère et dangereux pour l'enfant dans la mesure où il augmente le risque de fausse couche. Désormais, ce type d'agression serait évitable. La possibilité de réaliser un diagnostic dit « non invasif » grâce aux techniques du Pr Lo serait un progrès immense. Avant sa naissance, on pourra presque tout savoir sur le génome de l'enfant sans prendre le moindre risque pour lui et sans intervention ni hospitalisation pour sa mère. Juste une simple prise de sang de la femme enceinte.

La technologie développée par Sequenom permet de fournir des analyses génétiques à partir d'échantillons biologiques qui ne sont disponibles qu'en petites quantités. C'est justement le cas de ces fragments d'ADN du fœtus qui circulent dans le sang de la mère : ils ne sont disponibles qu'en petites quantités. L'entreprise de Stylli est donc dans son cœur de métier. Alors, comme pour se faire la main, elle commence par fabriquer un test sur l'incompatibilité de Rhésus entre la mère et son enfant. C'est une situation dont on sait qu'elle entraîne une grossesse à risque et peut nécessiter une transfusion. En décembre 2007, le test réalisé par Sequenom est approuvé. Il devient le premier test lancé sur le marché qui utilise cette technique non invasive. C'est un succès. Les commandes affluent.

Mais le PDG de Sequenom, fort de ce premier succès, ne veut pas en rester là. Il a d'autres ambitions.

Il pressent qu'il est positionné sur un gisement plus que prometteur, au début d'une aventure, au commencement d'une véritable révolution. Par définition, il existe potentiellement une demande illimitée et non satisfaite de diagnostic prénatal à réaliser au moyen de cette méthode sûre et non dangereuse. Il serait ridicule de se limiter à l'incompatibilité de Rhésus. À la limite, tout doit pouvoir être diagnostiqué le plus tôt possible, c'est une évidence.

Ce ne sont pas les opportunités qui manquent dès lors qu'on dispose du génome, c'est-à-dire de la connaissance de chacun des gènes de l'enfant. Il y a des centaines et des centaines de milliers de diagnostics possibles à effectuer. On n'a que l'embarras du choix. Le tout est d'amorcer la pompe, de savoir proposer une offre qui sera susceptible de créer la demande.

Quelle manne potentielle ! Harry Stylli comprend très vite qu'avec la licence qu'il a acquise, il est assis sur une montagne d'or. Il comprend cela plus vite que les autres, mais cela, les journalistes ne le savent pas encore. Harry se contente de leur sourire d'un air entendu, il ne leur a pas encore tout dit.

Aujourd'hui, le patron de Sequenom se présente comme un homme heureux qui annonce des progrès imminents dans le domaine des tests prénataux. « *Nous voulons être le prochain Google pour le diagnostic moléculaire et la médecine personnalisée* », ambitionne-t-il avec une audace stupéfiante.

Il est le premier à emprunter ce chemin dans l'histoire : associer moteur de recherche, génome humain et « économie de la promesse » dans une application concrète. Ce qu'il va imaginer le dépasse et dépasse même l'imagination. Il va commercialiser le test anténatal parfait : sûr et sans bavure.

3

« Mal nécessaire » et « opportunité de marché »

Juillet 2008. Harry Stylli, PDG de Sequenom à San Diego, Californie, organise une conférence téléphonique très discrète avec quelques partenaires, analystes et investisseurs.

Au détour de la conversation, il leur lâche une phrase décisive, celle qui fera son triomphe et celui de son business :

« *Stratégiquement, nous avons choisi le syndrome de Down parmi nos objectifs initiaux car cela représente un mal nécessaire et une importante opportunité de marché pour Sequenom.* »

Harry vient de prononcer quatre mots-clés : stratégie, syndrome de Down, mal nécessaire et opportunité de marché.

L'entreprise va mal, elle avait accumulé un déficit de 470 millions $. Il faut vite trouver du cash pour la renflouer et une stratégie efficace est nécessaire. Il ne s'agit pas, maintenant, de prendre une décision accessoire mais bien de choisir une orientation de fond, durable, afin de regagner le pari de la rentabilité pour la firme.

Le syndrome de Down est le nom anglo-saxon de la trisomie 21, anomalie chromosomique, responsable de la première cause de handicap mental dans le monde, découverte en 1959 par le médecin français Jérôme Lejeune qui la débarrassa de l'appellation ancienne et à connotation raciale de « mongolisme ». Avec une perspicacité de grand prédateur, c'est sur la trisomie 21 qu'Harry jette son dévolu, comme un rapace qui a trouvé sa proie.

Il considère immédiatement et il tient pour acquis que le diagnostic de la trisomie 21 est un « mal nécessaire ». Voilà son coup de maître. En quoi, pourquoi un diagnostic, fût-il de la trisomie, serait-il un « mal » ? Et un mal « nécessaire » ? Par pudeur, il ne le précise pas à ses interlocuteurs, mais c'est assez facile à comprendre. Le diagnostic de la trisomie 21 serait un « mal » – selon lui mais aussi pour la quasi-totalité de nos contemporains – parce qu'on ne sait pas éviter la maladie autrement qu'en supprimant, par l'interruption de grossesse, le fœtus atteint. Et ce serait aussi un mal « nécessaire » parce que presque tous les pays dits développés ont accepté l'avortement de l'enfant trisomique comme un acte médical, une démarche de santé publique, voire un « soin » remboursé par l'assurance maladie, puis comme un « droit fondamental » revendiqué et opposable, peut-être même un « devoir » moral, en tout cas comme une fatalité. Personne, en effet, ne souhaite la naissance d'un enfant trisomique.

Avec cette expression de « mal nécessaire » pour désigner un dépistage plus performant de la trisomie 21, Harry Stylli, PDG de Sequenom installe la clé de voute de sa stratégie. Non seulement il fait l'économie de l'éthique, mais il forge une éthique inversée de l'économie. Il fait du non-éthique un moteur de profit. C'est à partir de l'exploitation des trisomiques considérés comme des sous-hommes, redevenus des « mongols », qu'il compte faire fortune, dans une sorte de bio-colonialisme.

En soutenant que le dépistage de la trisomie est un « mal nécessaire », Sequenom prend la pose du mauvais berger, soucieux d'éliminer les moutons noirs du troupeau humain. Il s'érige en gardien libéral, mais hautement intéressé, de l'intégrité du patrimoine génétique de l'humanité, comme d'autres l'étaient naguère de l'ordre moral et de la pureté du sang. Toute naissance n'est pas désirable et les familles intègrent peu à peu cette nouvelle donnée dans leur décision de garder ou non leur enfant. Mais Sequenom va plus loin en s'apprêtant à vendre le « racisme du gène », à en faire de l'argent, à vivre de la sélection des autres. Ce n'est plus l'État qui va édicter un eugénisme maladroit, c'est le marché qui va l'imposer de manière totalement décomplexée. La firme sait qu'il existe déjà des preneurs et elle imagine aussi comment en créer de nouveaux.

En effet, quand Stylli parle d'une « importante opportunité de marché », il dit tout. Son empressement, sa frénésie, voire sa précipitation, à avancer très vite en témoignent.

Toujours par téléphone, il rappelle à ses partenaires qu'en juin 2008, lors de la conférence du diagnostic prénatal à Vancouver, il a déjà fait état des premiers résultats cliniques sur environ 200 femmes en indiquant que le test de Sequenom a pu identifier 100 % des diagnostics de trisomie 21. Il a annoncé la concordance complète de son test avec les résultats, chez ces mêmes femmes, de l'amniocentèse, le « golden standard » actuel, sûr mais invasif, qui sera bientôt envoyé aux oubliettes de la médecine. Donc, premier succès total.

Il les informe ensuite que le test a été reproduit efficacement chez les collaborateurs de l'entreprise à Hong Kong. Donc, confirmation de la reproductibilité, ce prérequis indispensable en recherche.

Il programme pour 2009 une étude multicentrique considérable, sur environ 10 000 femmes, pour valider complètement le test sur de plus grands effectifs. Donc, élargissement à l'international et pré positionnement sur le marché.

Enfin, on pourra publier dans de prestigieuses revues scientifiques. Donc, reconnaissance scientifique en vue. Et, selon l'expérience de Harry, confirmée par les études de marché, une fois que les essais cliniques seront publiés dans une revue scientifique, c'est la majorité du marché qui sera réceptive à l'adoption de ce test.

L'achat et la construction d'un laboratoire certifié, accompagné de la mise en place d'un réseau, s'imposent désormais pour envisager un début de commercialisation aux États-Unis à la mi-2009. Car il est à prévoir une acceptation très importante du test dès 2010 aux États-Unis et une rapide ouverture vers d'autres marchés dans le monde. En même temps, on tirera parti du droit de propriété de Sequenom pour le test sur la trisomie 21, qui devra être négocié dans les différents pays.

« C'est comme ça que nous nous attendons à aller de l'avant. Nous deviendrons la principale source de ces tests pour le marché de la gynécologie-obstétrique », conclut Harry.

Il ajoute cet élément de contexte crucial : « Compte tenu de la récente note du collège américain des gynécologues-obstétriciens recommandant que toutes les grossesses soient évaluées pour la trisomie 21, ce marché est susceptible de se développer. » Car, en janvier 2007, l'association des gynécologues-obstétriciens américains avait plaidé pour un recours systématique au dépistage, indépendamment de l'âge de la femme, avec des procédures moins invasives et plus précoces.

Les gynécologues-obstétriciens seront les idiots utiles de l'entreprise lucrative du dépistage tous azimut.

Car ce n'est pas le tout d'avoir une stratégie. Il faut aussi des alliances. Celle du monde de la périnatalité est indispensable parce qu'il est prescripteur. Or, l'indication du test ne s'adresse pas à un groupe de malades potentiellement guérissables et donc volatiles. Elle concerne exactement la moitié de l'humanité, l'ensemble de toutes les femmes en âge de procréer et elle les vise au moment de chacune de leurs grossesses, soit pendant une trentaine d'années. L'enjeu est de taille. La trisomie touche en moyenne une grossesse sur 700 et une sur 100 quand la mère dépasse la quarantaine. Ce n'est pas une maladie rare mais relativement fréquente. Attendre un enfant est marqué par une anxiété devenue insupportable : « Mon bébé sera-t-il en bonne santé ou sera-t-il porteur de la trisomie 21 ? ». Comme s'il s'agissait de l'unique et du principal risque existant. C'est devenu la peur numéro un à laquelle les gynécologues-obstétriciens sont hyper sensibilisés. À cette question légitime, il existait une réponse, celle de l'amniocentèse. Mais cette réponse était risquée et pénible. Il va de soi qu'un boulevard s'ouvre pour une technique de diagnostic aussi sûre que l'amniocentèse mais non invasive et surtout moins dangereuse.

La stratégie du « mal nécessaire » est tellement puissante qu'elle laisse espérer d'immenses perspectives industrielles à court terme.

La stratégie du « mal nécessaire » possède le potentiel d'un impact énorme sur le marché du diagnostic prénatal.

La stratégie du « mal nécessaire » débouche sur une « importante opportunité de marché ».

Elle n'est pas belle la vie ?

Harry est encore un homme heureux.

4

La Ruée vers l'Or des Mongols

À la rentrée de l'automne 2008, alors que la crise économique fait des ravages aux États-Unis et que Wall Street est en panique, on observe qu'une tendance boursière à la hausse tout à fait inattendue est en train de s'installer autour du titre de la société Sequenom, cotée au Nasdaq sous le code SQNM.

Les dossiers sur cette biotech hors norme commencent à circuler sur Internet. Les points positifs relevés sont légions et prometteurs. Ils disent tous la même chose. La firme développe des tests génétiques brevetés qui détectent la trisomie 21 à 100 % en prénatal. La sensibilité et la spécificité du test sont excellentes et bien meilleures que le standard actuel de l'amniocentèse. Le test, constitué d'une prise de sang ordinaire, n'est pas invasif, contrairement à l'amniocentèse. Le diagnostic est aussi plus précoce en étant réalisable à la 12e voire à la 10e semaine de grossesse, contre la 16e semaine avec l'amniocentèse, ce qui est un avantage technique considérable pour l'interruption de grossesse qui est demandée à 96 %. Le test, évalué de 600 à 700 $, est moins cher que l'amniocentèse qui coûte environ 1 000 $. Aucun « faux positif » (annonce erronée d'une trisomie 21) ni aucun « faux négatif » (annonce erronée d'une absence de trisomie 21) n'ont été observés dans les premiers essais. Les résultats du test peuvent être annoncés à la femme enceinte deux jours seulement après la prise de sang, alors qu'une attente angoissante de deux semaines était de rigueur avec l'amniocentèse et retardait la décision quasi systématique de ne pas poursuivre la grossesse. Aucune autorisation de la Food and Drug Administration (FDA) n'est requise pour la mise sur le marché du test. Son lancement est prévu à brève échéance, en juin 2009. Il s'agit d'un marché de masse, avec des ventes estimées en milliards $. La marge de profit pour Sequenom serait évaluée à 60 % ! Le collège des professionnels conseille le dépistage pour toutes les femmes sans critère d'âge. Le test est lancé seulement par Sequenom, sans aucun partage des bénéfices. L'extension vers d'autres pathologies génétiques (trisomies 13, 18 et bien d'autres syndromes, voire des cancers) fait du test de Sequenom un véritable tremplin. La technologie nécessaire est disponible sur n'importe quelle plateforme de laboratoire. Enfin, de fortes retombées médiatiques sont attendues.

En effet, personne n'a oublié qu'au cours de la campagne pour la présidentielle américaine de 2008, on s'est passionné pour la grossesse de Sarah Palin, co-listière du candidat républicain John Mc Cain. Cette dernière, âgée de 44 ans, avait accouché en avril 2008, d'un enfant trisomique et s'était félicitée, alors qu'elle savait que son enfant était atteint, d'avoir refusé l'avortement. L'égérie du Tea Party, mère d'un enfant trisomique à 44 ans, et adversaire de l'avortement, peut-on rêver d'un plus fertile terreau pour faire la Une médiatique du test de Sequenom qui apparaîtrait pour ce qu'il est vraiment : une révolution dans le diagnostic ?

Les données financières sur Sequenom deviennent alléchantes. Voilà une firme dont le chiffre d'affaires en 2007 était de 41 millions $, qui annonce 50 millions $ pour 2008, et qui prévoit pour 2012, si l'on en croit son PDG, un chiffre d'affaires de 2 milliards $, sur le seul continent américain, et un chiffre d'affaires potentiel au niveau mondial pouvant aller jusqu'à 10 milliards $, ce qui rivaliserait presque avec le marché mondial du diabète qui s'élève à 13 milliards $!

À partir de là, la valorisation de la société Sequenom donne lieu à des projections exponentielles. Alors que l'action Sequenom ne cotait plus qu'1 $ en clôture à New York, en 2005, quand Harry Stylli a repris l'entreprise, l'action est subitement propulsée à près de 30 $, en fin septembre 2008, au moment où le PDG présente les résultats excellents des premiers essais du test sur la trisomie 21. Mais, selon certains analystes, si le chiffre d'affaires passe les 2 milliards $, soit la performance attendue pour les seuls États-Unis d'Amérique en 2012, le cours de l'action pourrait atteindre 100 à 216 $. Et si le chiffre d'affaires atteint les 7 milliards, c'est-à-dire réussit sa pénétration sur le marché mondial, le cours de l'action s'élèverait à 350 $. Et encore, s'agit-il de l'hypothèse la moins favorable de Harry Stylli qui évoque le chiffre d'affaires mondial, non pas de 7 mais de 10 milliards $... Les chiffres, affolants, donnent le vertige.

Si tout se passe comme prévu, si les ventes ne sont pas inférieures aux attentes, si les résultats des essais complémentaires annoncés ne sont pas moins bons que les premiers, alors l'opportunité d'investissement devient extrêmement tentante.

Jusque-là, la firme a effectué un parcours sans faute. Des échéances prochaines l'attendent cependant : d'abord une publication de résultats sur des échantillons non plus de 200 mais de 800 à 1 000 patientes, fin janvier 2009. Voilà qui est fait. Cette étude confirme les résultats antérieurs. Le test a fonctionné à 100 % pour prédire quand un fœtus était atteint par la trisomie. Cela a été vérifié au moyen de l'étalon-or que représente l'amniocentèse. Il y avait cependant un cas de faux positif, c'est-à-dire un cas où le test a annoncé à tort que le fœtus était atteint de trisomie. Statistiquement, cela signifie que le test de Sequenom est exact à 99,9 %. Une performance qui dépasse très largement celle des autres moyens de dépistage. Mais il reste encore une cohorte plus nombreuse de 3 000 à 5 000 patientes à analyser, en juin 2009. Les résultats devraient être publiés dans une revue évaluée par les pairs en 2010. Et puis, il y a encore cette étude beaucoup plus large à réaliser sur une cohorte de 10 000 femmes.

Pour voir le cours de l'action monter encore plus fortement, les résultats excellents de Sequenom doivent donc impérativement être confirmés. Car si le monde médical encourage actuellement toutes les femmes enceintes à se faire dépister pour la trisomie 21, il ne précise pas au moyen de quel test il faut se faire dépister. C'est un appui important que celui des gynécologues-obstétriciens et Stylli doit le gagner. Ce public médical exige des données publiées dans des revues scientifiques de référence, or cela n'arrivera probablement pas avant 2010 ou 2011.

Harry Stylli est confiant, il est toujours un homme heureux, plus que cela même, il est sur un nuage. Comment ne le serait-il pas avec une cotation de ses actions qui a augmenté de près de 500 % entre 2007 et 2008 ? Et avec la perspective fracassante d'un chiffre d'affaires mondial à 10 milliards $? De l'inédit ! L'année 2009 sera déterminante.

Oui, le dépistage de la trisomie 21 n'a jamais autant mérité d'être qualifié à la fois de « mal nécessaire » et d'« opportunité de marché ».

Le « mongolisme » est devenu une très féconde poule aux œufs d'or, un lucratif fonds de commerce, le Saint Graal de l'eugénisme libéral, consensuel et démocratique.

Pour la première fois dans l'histoire, une rente est indexée sur un génocide continu ; elle est servie aux marchands de tests par un lobby médical chargé de convaincre que le dépistage généralisé de la trisomie 21 répond à une demande de l'opinion, alors qu'il s'agit d'une offre commerciale créée de toutes pièces.

C'est *La Ruée vers l'Or des Mongols*.

5

Coup de tonnerre à San Diego

Soudain, un coup de tonnerre formidable éclate dans le ciel sans nuage de San Diego.

Un énorme scandale, à rebondissements, met Sequenom sur la sellette.

Le conte de fée de la célèbre biotech va s'arrêter brutalement.

Dans le monde des biotechnologies, les ascensions rapides et les chutes libres sont monnaies courantes. Mais pour Sequenom, c'est une autre affaire. Ce qui va être révélé est incroyable : falsification des données scientifiques, spéculation boursière, délit d'initié, tout sera bon pour toucher, quoi qu'il arrive, la rente en or des « mongols ». Sans parler de la mort de la directrice de la recherche et développement, amplement mise en cause, mais curieusement intervenue avant la fin du procès au cours duquel elle avait déjà plaidé coupable.

Souvenons-nous. Le PDG de Sequenom, entre l'été 2008 et le début de l'année 2009, ne cesse de claironner les résultats remarquables de son test non invasif de la trisomie 21, fiable à 100 %, et expérimenté sur des groupes de femmes encore peu nombreuses. Dans son équipe rapprochée figure un étrange personnage. Il s'agit d'Elizabeth Dragon, vice-présidente de Sequenom, en charge de la recherche et développement (R & D). C'est elle qui, chargée de superviser le développement du test, soutiendra jusqu'au 23 avril 2009 que ce dernier était sur la bonne voie pour un lancement en juin 2009. Mais six jours plus tard, le 29 avril, la bombe explose. Dans un communiqué de presse laconique, Sequenom fait savoir que l'entreprise reporte le lancement du test suivant et suspend quatre salariés du service R & D pour « mauvaise exploitation des données ». Les analystes, qu'ils soient journalistes ou financiers, sont à la fois abasourdis et excédés. Abasourdis de découvrir l'incompétence des salariés de l'entreprise, capables d'une mauvaise exploitation de leurs propres données. Et excédés par une vague explication qui n'en est pas une. « Données mal exploitées, qu'est-ce que ça veut dire ? », lance un spécialiste de la technologie médicale, « S'ils voulaient faire passer un truquage des données pour une erreur matérielle, ils ne s'y seraient pas pris autrement ! ». La nouvelle se répand comme une traînée de poudre et entraîne des conséquences en chaîne qui ont toutes un point commun : la perte de confiance. Plus d'une dizaine de poursuites, sous forme de recours collectifs, commencent à être déposées contre l'entreprise au nom des actionnaires qui ont acquis des titres entre juin 2008 et avril 2009. Car, inévitablement, le titre décroche et plonge à 3,42 $, perdant 76 % de sa valeur du jour au lendemain. Enfin, les rumeurs et les soupçons enflent sur l'éventualité d'un acte criminel et la manière désastreuse dont l'encadrement supérieur de Sequenom gère les retombées de la crise. Puis, on apprend que la Securities and Exchange Commission (la SEC est l'autorité boursière américaine), ainsi que les fonctionnaires du NASDAQ lancent une enquête sur cette « mauvaise exploitation des données ».

En septembre 2009, nouveau coup de théâtre. Un communiqué de Sequenom fait savoir que son PDG, Harry Stylli, après une enquête menée par des membres indépendants du conseil de la société, a été évincé. Dans la même charrette, prennent place Elizabeth Dragon, le chef de la R & D, Paul Hauran, le directeur financier, un cadre dont le nom n'a pas été révélé, ainsi que trois employés d'un rang plus modeste. Nouvelle plongée de la valeur des actions de l'entreprise.

En octobre 2009, ce sont les enquêteurs du FBI qui débarquent, flanqués du bureau américain du procureur compétent en l'espèce. Il n'est pas difficile d'imaginer que l'implication du ministère de la justice signifie que l'affaire prend une tournure plus grave. Mais les porte-paroles du FBI et du procureur des États-Unis ne laissent filtrer aucun commentaire.

La société, empêtrée dans d'innombrables procédures juridiques qui l'opposent à des concurrents californiens comme Ariosa à San Jose, Verinata et Natera à Redwood City, dans la lutte pour des parts du marché de la trisomie 21, n'a toujours aucun intérêt à révéler ce qui s'est passé exactement.

En novembre 2009, le nom du quatrième cadre licencié est rendu public. Il s'agit de Steven Owings, vice-président et directeur commercial de Sequenom qui est accusé de délit d'initié. Il s'est fait verser la somme de 365 967 $ à partir d'une vente d'actions de Sequenom, un mois avant l'annonce de la prétendue « mauvaise exploitation de données ».

Un peu plus tard, on apprend que deux consultants extérieurs avaient eux aussi obtenu des informations confidentielles, en 2009, selon lesquelles Sequenom allait annoncer l'échec de son programme de recherche sur la trisomie 21 et qu'après cette annonce, les actions de la société allaient décrocher. Le bénéfice de deux hommes avait dépassé les 600 000 $. Avec l'informateur de Sequenom, les escrocs avaient dissimulé leur forfait en utilisant, dans leurs échanges électroniques, les répliques du film « Wall Street » qui raconte l'ascension et la chute d'un jeune trader dont la carrière est lancée par un délit d'initié !

En attendant, c'est la carrière des cadres de la direction générale de l'entreprise Sequenom qui est stoppée en plein vol : le président-directeur-général, le directeur financier, la directrice de la recherche et le directeur commercial sont tombés, il ne reste plus personne. Sans compter les seconds couteaux.

Peu à peu, le discours de Sequenom est bien obligé de changer. La firme commence à reconnaître que les données de recherche présentées à l'appui de son test n'étaient pas fiables.

Début 2010, pour éviter les longs et coûteux procès qu'elle pressent, la société décide d'anticiper en versant 14 millions $ et en donnant une participation de 9,95 % dans l'entreprise aux groupes d'actionnaires qui avaient intenté un recours en dédommagement devant la Cour fédérale. Acheter le silence, mais c'est déjà trop tard.

Devant le juge fédéral, Elizabeth Dragon, la R & D de la société, « crache le morceau ». Elle finit par avouer que les scientifiques impliqués dans les études cliniques en avaient trafiqué les résultats. Oui, trafiqué ! En accord avec le procureur, Dragon plaide donc coupable du chef d'accusation de « complot en vue de commettre une fraude en valeurs mobilières », un crime passible de sanctions pouvant aller jusqu'à 25 ans de prison et 250 000 $ d'amende. Dans son plaidoyer de culpabilité, selon un communiqué publié à San Diego par le procureur Laura Duffy, Dragon avoue qu'elle avait cherché délibérément à frauder les actionnaires de Sequenom en 2008 et 2009 par la diffusion d'informations fausses et trompeuses sur le test de dépistage de la trisomie 21. Lors de sa comparution devant le juge Barbara Major, Dragon ajoute qu'elle et d'autres salariés de la société *ont fait croire que la fiabilité et la sensibilité du test étaient presque parfaits*. Elle précise qu'elle a colporté personnellement ces mensonges aux analystes et investisseurs lors de réunions à San Diego, New York et à Vancouver dans le but de gonfler le cours des actions de Sequenom.

On est vraiment très loin de la « mauvaise manipulation des données »...

Dragon ne survivra guère à ses déclarations fracassantes. Quelques mois plus tard, on apprendra sa mort. Le procureur se fendra d'un communiqué lapidaire dans lequel il croit bon de préciser que la directrice R & D de Sequenom est décédée... d'une mort naturelle, mais sans autre détail. Il a raison de le dire quand même. La précision de la mort naturelle n'est pas superflue dans la mesure où le procès de l'intéressée n'était pas clos. Nul ne connaitra jamais les secrets sur *La Ruée vers l'Or des Mongols* que Dragon a emportés dans la tombe. Les morts sont encore ceux qui gardent le mieux le silence.

Quoi qu'il en soit, en mars 2010, il n'est un secret pour personne que Sequenom accumule maintenant un déficit de 614,2 millions $, supérieur à celui qu'elle enregistrait quand Harry Stylli en avait pris la direction.

On découvre même qu'au moment de ses mensonges, Dragon touchait un bonus de 58 618 $ en cash et en actions, en plus de son salaire qui s'élevait déjà à 279 133 $.

Quant à la rémunération de Harry Stylli, le journal *Forbes* la chiffre à 1,9 million $, en 2009 l'année de tous ses exploits, dont 400 000 $ de salaire et 1,5 million $ en actions.

Ce dernier, mis à pied de Sequenom en septembre 2009, retrouvera un nouveau job de PDG dans autre firme pharmaceutique américaine, en décembre 2010.

Bien mal acquis ne profite jamais, sauf dans *La Ruée vers l'Or des Mongols*.

6

Cap sur l'Europe

Cette sinistre affaire aurait pu s'en tenir là. La société, purifiée de ses ambitions malsaines et nettoyée de ses vampires aux dents longues, aurait pu repartir vers des horizons plus sereins.

De fait, dès l'éviction du PDG de Sequenom en septembre 2009, l'intérim de la direction générale est assuré par Harry Hixson, un sénior du monde des biotechs. Un nouveau directeur de la R & D est nommé, Ronald Linsay, ainsi qu'un nouveau financier, Paul Meier. Ensemble, leur première tâche est de rassurer les analystes sans occulter le passé : « Cela a été un revers important et la société devra faire face à d'importants défis à venir. Il est juste de dire que Ron et moi, nous allons devoir travailler très dur pour regagner la confiance des investisseurs », confie le nouveau PDG.

En novembre 2009, il ne reste plus que 39 millions $ en caisse ! « Il y a un doute sérieux quant à notre capacité à poursuivre l'exploitation », avoue la nouvelle gouvernance. Sa deuxième tâche est d'élaborer d'urgence un plan stratégique et financier ainsi qu'un programme de contrôle des coûts afin de réduire les dépenses inutiles. Il est même d'actualité de réduire le nombre de programmes financés actuellement. Selon le directeur financier, certains projets pourraient être mis de côté, vendus, cédés sous licence ou en partenariat.

Pense-t-il alors couper la branche pourrie du test de la trisomie 21, celle qui a failli faire crever l'entreprise, la mettre de côté, la vendre ou la céder ?

Pas un instant, il n'est question de renoncer au produit phare de la maison.

La Ruée vers l'Or des Mongols a aiguisé des appétits tellement redoutables qu'ils ne peuvent plus s'éteindre. Au contraire, les ambitions ne demandent qu'à reprendre du poil de la bête comme un mauvais chiendent.

« Nous ne voulons pas laisser le réservoir d'essence fonctionner trop bas », lance le PDG. Et pour remettre de l'essence dans le réservoir, sur quoi va-t-il tout miser, à nouveau ? Sur le test de la trisomie 21 qui « représente le plus gros investissement que la société fera en 2010 ». La trisomie 21, encore et toujours, sera le carburant de la société Sequenom.

Cette fois, l'approche est innovante. Par communiqués de presse de décembre 2009 et janvier 2010, l'entreprise annonce triomphalement qu'elle a procédé à la nomination de deux nouveaux conseillers scientifiques. Le message est épatant. Si c'est par des scientifiques véreux que le mal est venu, ce sont des scientifiques vertueux qui apporteront le salut. Ces nominations rassurent, apportent un brevet de respectabilité et sauvent la réputation de la société. Six mois plus tard, Sequenom annonce avoir levé 51,6 millions $. La société retrouve effectivement les moyens de développer son test prénatal de la trisomie 21.

Quels sont donc ces nouveaux venus capables de redonner la confiance aux investisseurs ? Des Européens, un Allemand et un Français. Le Pr. Wolfgang Holzgreve de l'hôpital universitaire de Fribourg et le Pr Yves Ville de l'hôpital Necker-Enfants-Malades à Paris. Tous les deux gynécologues-obstétriciens venus d'Europe de l'Ouest. Ce n'est pas tout à fait un hasard.

« Nous sommes très heureux de les accueillir dans notre groupe de conseillers où ils accroîtront considérablement notre expérience de diagnostic prénatal non invasif. En outre, avec eux, nous donnons une perspective internationale importante à notre Conseil d'administration », voilà avec quels mots les nouveaux impétrants sont reçus. La phrase clé, c'est la « perspective internationale importante ». Trois mois après le triple scandale scientifique, financier et surtout éthique de Sequenom, le chat retombe sur ses pattes, l'axe d'un plan stratégique renouvelé se dessine : on donnera la priorité à l'exportation du test de la trisomie 21 vers l'Europe. Pas n'importe comment. En passant par l'Allemagne et par la France. La confiance perdue aux États-Unis sera regagnée en Europe. La défaite à l'intérieur sera rachetée par une victoire à l'extérieur. Le marché est aussi large que la conscience. En effet, Yves Ville est à la fois chef du service de gynécologie-obstétrique dans un grand hôpital universitaire parisien et, depuis 2008, membre du conseil d'administration de l'Agence de la biomédecine, ce que ne manque pas de souligner Sequenom dans son communiqué. Celui que *Le Monde* présente comme « un chirurgien à l'allure de dandy » sera à la fois conseiller du marchand de test, usager du test et juge de son application en France. Dans un article du *Monde* du 4 octobre 2012, la journaliste Sandrine Cabut indiquait que ce spécialiste était un « fervent partisan d'une mise à disposition rapide de cette méthode non invasive pour les femmes à risque » et qu'« il précise être conseiller clinique pour la firme américaine Sequenom et dit avoir commencé à prendre contact avec les autorités sanitaires françaises ». Dans le numéro de janvier 2014 du Journal de Gynécologie Obstétrique et Biologie de la Reproduction où il apportait sa contribution, Yves Ville a d'ailleurs produit une déclaration d'intérêts dans laquelle il signale qu'il est conseiller clinique de la société Sequenom.

Déclaration d'intérêts car conflit d'intérêts ? Qu'à cela ne tienne. La fin justifie les moyens dans *La Ruée vers l'Or des Mongols*.

La nationalité de ces deux conseillers n'est pas non plus indifférente. Elle a été choisie avec le plus grand soin, peut-être même un certain machiavélisme. Rappelons-nous les deux piliers du développement du test de la trisomie : un « mal nécessaire » et une « importante opportunité de marché », la dimension éthique et l'aspect économique.

Pour sa part, l'Allemagne libérale n'aura aucune raison de s'opposer à un tel projet. Elle sera même garante de la dimension éthique du projet parce que si elle adopte le test, personne n'osera jamais dire que l'Allemagne, compte tenu de son passé, a accepté un projet eugéniste. Ce serait lui faire insulte. Moyennant quelques débats convenus, l'Allemagne servira à blanchir le dépistage non invasif de la trisomie 21 de tout soupçon d'eugénisme. L'Allemagne sera la bonne conscience de la pénétration du marché européen par Sequenom.

Quant à la France, c'est tout différent, d'abord elle représente une belle « opportunité de marché ». La France est le pays qui détient le record du monde en matière de dépistage de la trisomie 21 généralisé auprès de toutes les femmes. Son système est déjà très rôdé et redoutablement efficace : 96 % des grossesses diagnostiquées trisomiques se terminent par l'avortement. Et surtout, il est entièrement pris en charge sur le plan financier, sans critère d'âge. L'assurance maladie dépense chaque année, sans compter, entre 150 et 250 millions € rien que pour le dépistage de la trisomie 21. Et la France ne manque jamais l'occasion de développer encore son système. La caractéristique de ce pays égalitariste, c'est le tout ou rien. Si seulement certaines femmes ont accès à un test non invasif de la trisomie 21, censé être plus performant, et que les médias le découvrent, la France peut se retrouver en situation « quasi insurrectionnelle ». Idéologiquement, des mouvements féministes prendront l'Élysée d'assaut, comme ils savent le faire. Alors la France sera, tôt ou tard, obligée d'acheter ce nouveau test pour toutes les femmes. Et dans la mesure où son système de santé paye pratiquement tout, à la différence de l'Allemagne, la France sera le jackpot de la pénétration du marché européen. La France est le client en or, le client idéal, le client rêvé du dépistage de la trisomie.

Autre atout qui n'est pas mince, la France est un pays installé dans l'eugénisme avec ses théoriciens et ses praticiens, ses légistes et ses avocats, ses Saint-Just et ses Robespierre. La France a conceptualisé l'eugénisme. Non seulement, elle ne retardera pas

La Ruée vers l'Or des Mongols mais, au contraire, elle lui donnera une assise doctrinale, un label « droits de l'homme », ses lettres de noblesse. Car la République a l'eugénisme missionnaire. Tandis que l'Allemagne se défendra d'avoir cédé à l'eugénisme, la France, elle, l'assumera.

En faisant de l'Allemagne libérale le cheval de Troie de sa pénétration en Europe et de la France libertaire sa plage de débarquement, Sequenom est stratège. La biotech gagne sur tous les tableaux.

7

Le cheval de Troie

Le test de la trisomie 21 porte désormais le nom de MaterniT21 aux USA. Deux ans et demi après le scandale qui a entaché sa création, il est déjà disponible dans vingt villes américaines. Sur le front européen, ça progresse aussi. Sequenom poursuit deux méthodes pour son expansion à l'étranger. Dans les grands pays européens, comme l'Allemagne et la France, il concède sa technologie à des entreprises locales. Pour les petits pays d'Europe ainsi que certains pays d'Asie et du Moyen-Orient, la société commence à négocier des arrangements sur place aux termes desquels les échantillons seront prélevés localement, expédiés à Sequenom et ensuite retournés aux médecins des patients. Naturellement, les tests seront payés d'avance.

En août 2011, Sequenom annonce qu'elle s'associe à LifeCodexx, une entreprise qui développe des diagnostics de nouvelle génération, dans le but de commercialiser en Europe son test de la trisomie 21.

Les deux entreprises concluent un accord de collaboration pour lancer leur produit en Allemagne, en Autriche, en Suisse et au Lichtenstein. « Ce contrat nous permet d'étendre au niveau international les droits de licences à nos propres modalités de diagnostics et nous sommes ravis d'avoir pour partenaire dans cette entreprise un laboratoire de la qualité de LifeCodexx. Il s'agit de notre premier contrat de licence hors USA permettant à un partenaire de commercialiser le test de la trisomie 21 développé en laboratoire, c'est une étape consistant à lancer ce test sur le marché et à réaliser les objectifs que nous nous sommes fixés pour 2011 », déclare Harry Hixson, PDG de Sequenom.

Selon le contrat, LifeCodexx paiera à l'avance un montant de droits fixes à Sequenom auxquels s'ajouteront des droits sur la vente des services d'analyse.

« Nous sommes heureux d'être le premier partenaire de Sequenom et de fournir pour la première fois des services d'analyses dans les pays germanophones du marché européen. Nous sommes actuellement très bien placés pour exploiter l'unité clinique avec notre savoir-faire en matière de détection non-invasive de la trisomie 21 utilisant le séquençage tel qu'il a été développé au départ par le Pr Dennis Lo », répond le Dr Michael Lutz, PDG de LifeCodexx.

Dès la signature de l'accord, Sequenom annonce que la fabrication du test augmente.

Les pays germanophones et de l'Est, jugés peu réticents aux tests, sans remboursement public il est vrai, ont dès le départ été considérés comme des cibles prioritaires et ont donc été travaillés en vue de cette implantation.

Effectivement, un an plus tard, au début de l'été 2012 la percée se concrétise avec le lancement de ce qui prendra le nom de Prena Test en Allemagne.

En même temps, la société Sequenom annonce qu'elle a traité deux fois plus de tests au deuxième trimestre 2012 qu'au premier. Le test de la trisomie 21 est maintenant devenu le plus gros contributeur au chiffre d'affaires du secteur diagnostic de l'entreprise, annonce son PDG. Celui-ci prévoit d'augmenter sa force de vente à la fois aux États-Unis et à l'étranger, d'embaucher 25 nouveaux représentants, ce qui portera son équipe commerciale à 75 agents. En outre, la production de l'usine à San Diego va doubler et passer de 100 000 tests fabriqués par an à 200 000. Des améliorations de processus comme l'automatisation et la bio-informatique sont en cours pour faire baisser le coût du produit. La possibilité de déterminer le sexe du fœtus a aussi été intégrée, ce qui est loin d'être un détail.

Dans le cas allemand, LifeCodexx a basé sa démarche sur une étude clinique préalable, menée en Allemagne, ce qui lui a permis d'obtenir l'assentiment scientifique majoritaire de la communauté des praticiens de la grossesse pour une utilisation après la 12e semaine. Selon certains dirigeants, le laboratoire a procédé, comme l'oblige la loi, à qualifier des praticiens et des centres de gynécologie-obstétrique sur une base individuelle, au cas par cas : « des praticiens aptes à pratiquer ce test et à fournir l'information juste susceptible d'éclairer la décision des femmes enceintes ».

Pour autant, compte tenu de la sensibilité de l'opinion allemande sur le sujet de l'eugénisme, le laboratoire a dû affronter une importante levée de boucliers, « beaucoup plus forte pour nos activités qu'en Suisse ou en Autriche », indique la directrice marketing de LifeCodexx. Schématiquement, trois types d'acteurs poursuivent le débat et s'opposent en Allemagne à la commercialisation du test : les associatifs, les juristes, les politiques.

La première catégorie d'acteurs s'opposant à la commercialisation en Allemagne du Prena Test est composée de plusieurs associations de patients ou de représentants de défense des personnes handicapées. C'est notamment le cas de Günter Mosen, le président de la Communauté fédérale du travail des personnes handicapées, qui avait déjà très vivement critiqué Mme Annette Schavan (CDU), ex-ministre d'État en charge de la culture et de la recherche (et démissionnaire pour cause de plagiat universitaire) pour avoir financé à hauteur de 230 000 € un test clinique destiné à dépister la trisomie 21 dès la 10e semaine de grossesse. « Cette détection précoce du handicap ne peut que mettre la pression sur les femmes et les pousser à l'avortement. Une telle attitude est en contradiction flagrante avec la constitution allemande », avait déclaré Günter Mosen qui avait évoqué un « processus de sélection et d'exclusion financé par l'État ».

On peut également citer parmi les défenseurs des droits des personnes handicapées, très opposés à la commercialisation de ce test, l'association Lebenshilfe qui a fait part de sa profonde désapprobation dans un communiqué commun publié avec d'autres associations de parents atteints de trisomie 21. Lebenshilfe demandait à ce que soit engagé un débat éthique sur le sujet au sein de la société allemande et affirmait que le dépistage non invasif ciblant la trisomie 21 était contraire à la Convention des Nations Unies relative aux personnes handicapées et à l'objectif d'une société d'intégration.

Certains juristes ont écrit à Mme Barbel Schaffer, présidente du district administratif de Fribourg, afin de demander l'interdiction du Prena Test. Ces juristes, reprenant l'argumentation du Pr Gärditz, professeur de droit à l'Université de Bonn, estimaient que cette interdiction pouvait être fondée sur le paragraphe 26 de la loi sur les dispositifs médicaux qui interdit toute mise sur le marché d'un produit menaçant un patient, un utilisateur ou un tiers, dans le cas de l'espèce un être humain au stade embryonnaire, au seul motif que ce dernier soit atteint de la trisomie 21. « Il s'agit d'une des formes de discrimination et de stigmatisation les plus graves. »

La controverse juridique a nourri les débats qui ont été menés au sein du *Deutscher Ethikrat*, le Conseil d'éthique national, qui a rendu un avis juste avant le lancement du Prena Test au début de l'été 2012. Cet avis, s'il ne s'est pas opposé à la commercialisation du test, a néanmoins donné la parole à des avis dissidents et les a même publiés, ce qui témoigne d'une certaine honnêteté mais aussi d'une indéniable habileté de cette institution. Voici l'essentiel des propos dissidents :

« Par son consentement à être liée par la Convention de l'ONU de mai 2008 relative aux droits des personnes handicapées et relevant du droit international, la République d'Allemagne a reconnu le droit à l'inclusion sociale des personnes souffrant de handicaps physiques ou mentaux. Dans cette convention, le droit de participer à la vie sociale est considéré comme un droit humain universel dont tout homme dispose en vertu de son humanité, sans restriction de caractéristiques spécifiques telles que l'âge, le stade de développement ou le sexe. Le soutien public à une procédure de test génétique permettant, par recoupement, d'identifier les porteurs d'une anomalie génétique particulière, et qui dans la grande majorité des cas (entre 90 et 95 pour cent selon les études) aboutit à la décision d'une interruption de grossesse, est contraire à l'engagement qui a été pris de protéger pleinement les personnes souffrant d'un handicap physique ou mental. S'ajoute à cela le fait que les procédures de test, qui concluent à un probable handicap de l'enfant à partir d'une anomalie génétique, se fondent sur une conception du handicap axée sur le déficit. Ceci est contraire au point de vue centré sur les ressources, qui prédomine aujourd'hui dans la pédagogie et la politique sociale. Les signataires de cette opinion dissidente jugent par conséquent qu'au-delà des recommandations formulées dans l'avis sur le diagnostic prénatal, les procédures comme le PraenaTest ou les diagnostics équivalents qui suivront ne doivent pas être soutenues par des financements publics ; de même, elles ne devraient pas être intégrées au catalogue des prestations des caisses d'assurance maladie obligatoires.

Nous considérons, après un examen approfondi, que certains des arguments avancés pour ce soutien ne sont pas fondés. Le fait de savoir si le droit à l'inclusion sociale et l'interdiction de la discrimination de l'art. 3 de la loi fondamentale (égalité devant la loi) concernent, contrairement au libellé, uniquement les personnes déjà nées, est sujet à discussion dans le domaine du droit. D'un point de vue éthique, une telle restriction d'une conception universaliste de la dignité humaine et des droits de l'homme ne peut pas se justifier. Quiconque invoque une protection uniquement graduelle de l'individu à naître s'engage sur un terrain incertain. Car la limite entre une demande de protection encore « échelonnable » et une demande de protection complète nécessiterait d'être reculée (peut-être même jusqu'à la naissance) afin de justifier une interruption de grossesse [...].

La référence à une menace grave pour la santé de la femme enceinte ne justifie pas l'approche sélective, qui conduit à l'interruption de grossesse, de l'embryon : la présence d'une quelconque déficience prévisible chez l'enfant ne peut en aucun cas être systématiquement considérée comme une menace très sérieuse pour l'état de santé. Dès lors, on voit mal comment le rejet des personnes susceptibles d'être atteintes d'un handicap physique ou mental pourrait être compatible avec le droit de chaque individu à l'inclusion sociale et l'interdiction constitutionnelle de toute forme de discrimination sur la base de caractéristiques particulières. La recherche médicale et les politiques de santé publique n'ont pas le droit de renforcer la pression sociale exercée pour que les enfants handicapés ne viennent plus au monde. Il leur revient au contraire de leur renvoyer un signal pour leur dire que tout enfant est bienvenu, qu'il soit ou non atteint d'un handicap physique ou mental. Un climat social d'acceptation et de soutien peut aider les parents à aimer et à soigner un enfant qui enrichira leur vie autrement que ceux qui ne souffrent d'aucun handicap physique ou mental. »

Enfin, la scène politique allemande n'est pas restée à l'écart des débats sur le sujet. L'opposition politique au Prena Test est principalement portée par Hubert Hüppe (CDU), membre du Bundestag de 2001 à 2009 et à nouveau depuis 2013. Il est le représentant du gouvernement fédéral pour les personnes handicapées. Dans plusieurs tribunes, il s'est vivement opposé à ce test en le jugeant illégal, « au motif qu'il vise et stigmatise une partie de la population » qui est, selon lui et par ailleurs, parfaitement prise en charge outre-Rhin.

Il a rallié à sa cause d'autres personnalités importantes de la CDU tels qu'Ingrid Fischbach et Johannes Singhammer, tous deux porte-paroles du groupe parlementaire CDU/CSU au Bundestag. Marianne Michalk, en charge des questions du handicap pour le même groupe parlementaire a également fait part de son opposition à la mise sur le marché du Prena Test.

Si la droite parlementaire allemande est globalement très réservée – mais pas unanime – sur une mise en œuvre d'un diagnostic prénatal ciblant un handicap particulier, elle est aussi rejointe dans cette condamnation par quelques personnalités du SPD et surtout par des parlementaires Verts (Die Grünen). Très perméables à l'influence de l'Église protestante – opposée au Prena Test –, ces derniers se révèlent plutôt conservateurs lorsqu'il s'agit d'aborder des sujets sociétaux.

Ce qu'il faut surtout retenir de la position allemande, c'est l'extrême pudeur avec laquelle nos voisins acceptent de s'exprimer publiquement sur la question de l'eugénisme. Même si beaucoup d'Allemands sont plus que réservés sur toute pratique qui conduirait à la sélection anténatale des personnes, ils ne s'estiment pas autorisés à en faire état en des termes qui pourraient les faire passer, aux yeux du monde, pour des donneurs de leçons. La douleur historique qui continue à les habiter a créé chez eux une sorte de complexe durable dont ils ne sont pas guéris. Le remord transmis en héritage par leurs pères les inhibe toujours dans l'expression politique de ce qui ressemblerait à un jugement moral dont ils ne se sentent pas dignes. Cela est bien sûr compréhensible et, dans une certaine mesure, respectable. Ce qui est beaucoup moins respectable, en revanche, c'est l'indécence avec laquelle le business d'une biotech américaine maintient l'Allemagne dans ce complexe et prend consciemment ce pays en otage, comme précieuse victime d'un marché captif, utile aux nécessités du marketing.

Les autres pays germanophones, pour leur part, ont connu peu de polémiques et moins de débats. LifeCodexx a pu y implanter le Prena Test sans difficulté.

Dans *La Ruée vers l'Or des Mongols*, le choix par Sequenom de cibler l'Allemagne libérale comme cheval de Troie était crucial. C'est ce pays qui a permis l'ouverture d'une brèche vers l'Europe de l'Est. Mais pas seulement. L'espace d'influence allemande dépasse largement les seuls pays germanophones et/ou limitrophes. Dorénavant, la plage de débarquement française est prête à accueillir le marché de la mort. Depuis longtemps, le terrain est balisé, la route est tracée et les sentinelles ont été neutralisées.

8

« Un ordre établi »

Le cas de la France est fondamentalement différent de celui de l'Allemagne.

Alors que notre voisin est tétanisé par le retour éventuel de l'eugénisme, qu'il tient pour un événement strictement impensable, la France ne se pose même pas la question pour la bonne raison qu'elle ne se sent pas du tout concernée. Elle n'est pour rien dans cette histoire, ce n'est pas son sujet. Paradoxalement, la France reprend à son compte le mot terrible cité par Primo Levi dans *Si c'est un homme* : « Hier ist kein warum – ici il n'y a pas de pourquoi. » Tandis qu'outre-Rhin, si le moindre risque d'eugénisme pointe à l'horizon, il suscite encore un débat politique inévitable, au moins formel, mais toujours douloureux, la France assume absolument son choix d'un eugénisme qu'elle tient pour acceptable puisque c'est le sien, un eugénisme hexagonal, « encadré », donc sanctuarisé. Elle ne s'en cache pas, elle n'a honte de rien, elle en est fière. Elle n'a même pas l'élégance hypocrite de dire qu'elle ne pratique pas d'eugénisme, ce qui serait un « hommage que le vice rend à la vertu ». Il y a dans l'eugénisme de connivence, « à la française », une arrogance et une désinvolture à la fois inquiétantes et insupportables. Car l'attitude de la France signifie très exactement ceci : se poser des questions morales, c'est bon pour les autres, surtout pour les Allemands, en raison de leur passé, mais nous les Français qui avons la conscience tranquille et rien à nous reprocher, cela ne nous regarde pas.

Pour s'en convaincre, il suffit d'observer, dans notre pays, la trajectoire absolument rectiligne des avancées de l'eugénisme dont le zèle doctrinaire a tué successivement la conscience du monde médical, celle de l'éthique collective et celle du milieu du handicap lui-même.

Il y a déjà quinze ans, dans son livre *L'euthanasie du fœtus*, le Pr Jacques Milliez, gynécologue-obstétricien à l'hôpital Saint-Antoine à Paris, qui ne néglige pas à l'occasion d'afficher son catholicisme, résumait avec précision l'attitude des professionnels de santé vis-à-vis de la trisomie 21 :

« Il est généralement admis, par exemple, que sauf conviction ou disposition affective contraire des parents, un fœtus atteint de trisomie 21 peut, légitimement au sens de l'éthique collective et individuelle, bénéficier d'une interruption médicale de grossesse. Il existe une sorte de consentement général, une approbation collective, un consensus d'opinion, un ordre établi en faveur de cette décision, au point que les couples qui devront subir une interruption de grossesse pour une trisomie 21 ne se poseront guère la difficile question de la pertinence de leur choix individuel. La société en quelque sorte, l'opinion générale, même en dehors de toute contrainte, a répondu pour eux. Tout le monde ou presque aurait agi de la même façon. L'indication paraît même tellement établie que les parents considèrent en quelque sorte que c'est un droit. Qui d'ailleurs songerait à leur disputer ? L'économie sera faite ici de lancinantes interrogations sur la pertinence du choix. »

Ce texte est d'une violence inouïe. Il ne saurait être plus explicite : l'eugénisme de la trisomie 21 est une affaire réglée pour la France. On relèvera la phrase « sauf conviction ou disposition affective contraire ». L'amour d'une mère pour son enfant handicapé est assimilé à une conviction, probablement religieuse et donc intégriste. L'amour d'une mère est tenu pour une anomalie, laissée à ces gens-là, un peu exaltés, qui veulent absolument avoir un trisomique, comme s'il existait de méchants parents qui souhaitent donner naissance à des enfants handicapés. Tandis que les bons parents, eux, souhaitent des enfants en bonne santé et n'hésitent naturellement pas à supprimer ceux qui ne le sont pas. En France, il n'y a pas de pourquoi.

Un peu plus loin dans le livre, à la question qu'il se pose lui-même de savoir ce qui distinguerait un eugénisme médical d'un « eugénisme génocidaire » (sic), le Pr Jacques Milliez répond le plus candidement du monde, sans la moindre gêne apparente, en toute liberté, que rien ne les distingue dans leurs modalités d'exécution ni dans leurs modes opératoires (re-sic), « sinon la pureté de l'intention, la sincérité de la motivation et la qualité de la finalité poursuivie ». La finalité étant « d'éviter pour l'enfant à naître des souffrances inacceptables, irrémédiables, incurables et pour les parents un calvaire, le fardeau insupportable, la blessure perpétuelle du handicap irréversible de leur enfant. Elle procède donc bien d'une attitude compassionnelle, individuelle et consentie ».

Le chromosome 21 est l'étoile jaune des trisomiques, objets d'un génocide qui, à défaut d'être idéologique, est devenu commercial.

Le fait que l'éditeur Odile Jacob ait pu laisser un auteur – fût-il professeur de médecine, ce qui constitue une circonstance aggravante en l'occurrence – faire la propagande de « la mort par compassion » qu'il conviendrait de procurer aux handicapés (y compris d'ailleurs juste après la naissance, si l'avortement est « raté »), laisse résolument pantois. Le titre lui-même est dépourvu de toute ambiguïté : Milliez débarrasse l'interruption médicale de grossesse de son costume de scène pour la nommer par son vrai nom : l'euthanasie. L'avortement eugéniste est une euthanasie, c'est-à-dire un acte interdit, un homicide, un meurtre, un assassinat. Par ailleurs, la volonté de l'auteur du livre est de couper court à tout questionnement de conscience, de commuer une transgression personnelle en un « ordre établi » et d'oser soutenir la comparaison avec une pratique génocidaire condamnée à Nuremberg. Est-ce ce que Bernard Kouchner désigne sous le nom « d'illégalités fécondes » quand il évoque les combats pour l'avortement et l'euthanasie ?

Il faut à ce propos mettre en parallèle le livre de Milliez et celui de l'historien allemand Götz Aly, intitulé *Les anormaux* et publié chez Flammarion en 2014, qui raconte comment fut prise la décision, par le régime nazi, de supprimer selon des critères spécifiques les enfants handicapés mentaux :

« Comme il était inhumain et donc hors de question de déléguer une décision aussi difficile et lourde de conséquences aux parents, et en particulier aux mères, il fallait que le médecin endossât une part considérable de responsabilité de manière à atténuer la détresse des mères. »

Combien de fois n'a-t-on pas entendu cet argument de la part du monde médical pour l'avortement des enfants trisomiques ? Dans leur grande générosité, les médecins assument pour les parents la responsabilité de donner la mort que ces derniers ne sauraient porter seuls !

« Pour résumer de façon lapidaire une relation nuancée, écrit le Pr Jacques Milliez, on peut postuler que quand l'indication d'euthanasie fœtale est claire, le médecin propose et le couple dispose. Quand l'indication est ambigüe, le médecin assume pour éviter aux parents la charge d'une décision impossible. »

Dans la France des années 90, voilà donc des comportements mortifères à l'égard des personnes trisomiques qui ne choquent plus grand monde, ne suscitent plus d'indignation, sont devenus normalisés.

Il n'est pas indifférent de rappeler que le Pr Jacques Milliez est le fils du Pr Paul Milliez qui, au cours du magazine télévisé *Aujourd'hui Madame* du 7 juin 1973, s'était déjà illustré en lançant à la figure du Pr Jérôme Lejeune l'expression « vos enfants monstrueux » pour évoquer avec délicatesse les petits trisomiques que le découvreur de la trisomie soignait à l'hôpital Necker-enfants malades. Soigner ou tuer. Déjà...

Depuis, on sait à quel point cette doctrine française, sans cesse réaffirmée, habillée des meilleures intentions, est nourrie par le triptyque infernal du progrès, de l'économie et du désamour. Le progrès de la technoscience : tout ce qui est faisable doit être fait. Le calcul économique : les trisomiques coûtent plus cher vivants que morts (le livre de Götz Aly montre que les nazis pratiquaient exactement la même arithmétique). L'aversion pour le handicap mental : un mongolien n'est pas un homme. La performance française de cet eugénisme est inégalée sur la planète puisque, de fait, la quasi-totalité des grossesses trisomiques sont interrompues avant terme dans un consensus suspect qui non seulement n'est jamais remis en cause mais qui fait même l'objet d'une autocélébration permanente.

Les deux régulateurs naturels de l'eugénisme devraient être les parents et les médecins. Mais, pour des raisons différentes, ils ne jouent pas leurs rôles.

D'un côté, les parents, malgré eux, à leur corps défendant, sont globalement présumés être les demandeurs du dépistage de la trisomie 21, suivi de l'élimination de leur enfant malade. La réalité est tout autre. Selon le Pr Milliez lui-même, c'est la société qui a répondu à leur place. Il donc n'est même pas nécessaire de leur poser la question. Cette hypothèse d'une majorité de parents eugénistes est particulièrement outrageante. Tout est fait pour que les familles succombent à une offre de dépistage tellement oppressante de la part du corps médical qu'elle finit par créer une demande.

Là encore, on ne peut qu'être frappé quand Götz Aly raconte que les parents qui déclinaient l'« offre de traitement » de leurs enfants *anormaux* étaient qualifiés d'« incompréhensifs » par les médecins nazis. Aujourd'hui, combien de femmes se sentent « incomprises » quand elles n'acceptent pas de rentrer dans l'impasse du dépistage ?

Des études publiées ont montré d'ailleurs que la majorité des femmes enceintes qui entrent dans le processus de dépistage-diagnostic-avortement, y sont soumises malgré elles et ne comprennent pas ce qui leur arrive. Pour beaucoup d'entre elles, au départ, il s'agit de prévenir la survenance d'une maladie. Elles prennent le dépistage systématique comme une sorte de vaccination contre la trisomie, alors qu'il ne s'agit évidemment pas d'empêcher la maladie de survenir, puisque ce n'est pas possible, mais d'interdire à l'enfant malade de naître en le supprimant *in utero*. Et la médecine de regarder les femmes en hochant la tête avec un air condescendant... Mensonge, harcèlement, abus de faiblesse et maltraitance des femmes sont les traits caractéristiques de la politique française de dépistage. Car rien ne pourra jamais faire passer un choix qui s'exerce à 96 % dans le sens de l'élimination de l'enfant trisomique pour un marqueur de la liberté des femmes.

Le Dr. Romain Favre, chef de service au Centre médico-chirurgical obstétrical (CMCO) de Strasbourg, a publié une étude dans laquelle il reconnaît qu'avec le très faible taux de consentement au dépistage de la trisomie 21, on peut émettre un grand doute sur le libre choix des patientes dans cette démarche de dépistage à l'échelle nationale :

« En prénatal, l'absence d'informations ne permet pas un choix éclairé. L'échographie est présentée comme un examen de routine, plutôt que comme une option. Quel est le choix individuel, lorsque 82 % des patientes pensent que l'échographie du premier trimestre est obligatoire, que 43 % imaginent que l'amniocentèse est obligatoire lorsque les tests sont anormaux et finalement quand 16 % pensent que l'interruption médicale est obligatoire en cas de trisomie 21 ? La relation duelle entre le patient et son médecin n'existe plus. Il y a un troisième partenaire, la société. Cette société fait le choix de l'intolérance.

L'âge maternel des patientes enceintes augmentant, le nombre de grossesses avec trisomie 21 augmente de manière parallèle. Les pouvoirs publics ont clairement fait le choix d'augmenter l'accès au diagnostic prénatal plutôt que d'améliorer les conditions de prise en charge de ces enfants. Ce d'autant que l'espérance de vie d'un individu trisomique est passée de vingt à plus de cinquante ans en moins de trente ans. Il y a certainement une décision consciente de la part des pouvoirs publics de promouvoir le diagnostic prénatal. Par contre, pour les médecins, la prise de conscience d'une dérive n'est pas aussi évidente. »

C'est un euphémisme. En effet, de leur côté, les centres pluridisciplinaires de diagnostic prénatal (CPDPN) qui sont les autorités collégiales censées autoriser – ou refuser – les interruptions de grossesses pour raisons médicales n'examinent jamais les demandes relatives à la trisomie 21 mais les autorisent systématiquement. Les CPDPN, qui devraient théoriquement être contrôlés par l'Agence de la biomédecine, agissent comme bon leur semble. Ils font comme s'il n'y avait jamais de « pourquoi » à formuler dans l'élimination normale, de droit, des fœtus trisomiques. Cela va de soi. Les CPDPN pratiquent la politique du coup de tampon administratif, donné par de bons petits soldats du médicalement correct, en infraction complète avec la mission dévolue d'examiner les cas qui leur sont soumis, sauf à penser que s'agissant de la trisomie 21, on peut raisonner sans réfléchir, en bloc, par catégorie, au faciès, par « race »...

En d'autres termes, le monde médical s'est exonéré de sa pratique d'un eugénisme collectif ; il a choisi de se défausser sur une prétendue multitude de demandes d'eugénisme individuel à satisfaire en occultant qu'elle a scrupuleusement contribué à les créer.

Cette partie du monde médical qui assume l'eugénisme vis-à-vis de l'enfant trisomique entretient en réalité une relation doublement coercitive avec la femme enceinte en préemptant à la fois sa capacité de compréhension (de toute façon, elle ne pourra pas comprendre) et son instinct maternel (de toute façon, elle ne pourra pas l'aimer).

La doxa officielle est que si la France pratique l'eugénisme vis-à-vis des trisomiques, c'est par humanisme. Et ceux qui osent dire le contraire sont frappés d'excommunication pour inhumanité.

Ce raisonnement est un renoncement explicite à l'humanisme. On va le voir plus loin dans le raidissement incroyable qui colore le dépistage d'une vraie dimension génocidaire : la hantise de rater la cible, l'obsession de l'exhaustivité et le fichage des trisomiques.

La Ruée vers l'Or des Mongols est à ce prix, celui de la dépossession du ventre des femmes.

9

La hantise de rater la cible

Il faut s'arrêter un instant sur ce que signifient les mots « dépistage non invasif de la trisomie 21 ». Le terme non invasif, qui semble ici synonyme d'inoffensif, est ambigu.

Car le test est inoffensif pour qui ? Telle est bien la question...

En somme, il s'agirait d'une méthode incolore, inodore et sans saveur qui, enfin, ne nuirait à personne. L'innocuité revendiquée de la nouvelle technique est particulièrement intéressante dans la mesure où elle renvoie à une technique antérieure qui, elle, aurait été invasive et nocive. Tiens donc ! Première nouvelle ! On nous aurait caché quelque chose ? Depuis des dizaines d'années, on nous chante les louanges du dépistage de la trisomie et de sa performance comme s'il s'agissait du *nec plus ultra* de la médecine. On le propose à toutes les femmes, sans aucun critère, au nom de l'égalité d'accès aux soins. Sauf qu'on propose quoi au juste ? Sauf que depuis vingt ans, on a « oublié » de dire que le prélèvement de liquide amniotique par l'amniocentèse entraînait des fausses couches dans environ 1 % des cas, ce qui est considérable (il n'y a pas de médicament qui entraîne un risque aussi élevé). Sauf que le nombre de fœtus sains perdus dans des fausses-couches suite à l'amniocentèse est supérieur au nombre de fœtus atteints de trisomie 21 diagnostiqués et avortés. Sauf que, pour chaque fœtus trisomique dépisté, la technique de l'amniocentèse fait perdre deux enfants sains, ce qu'on s'est bien gardé de crier sur les toits.

Donc, on feint d'apprendre que ce qui a été proposé jusqu'à aujourd'hui à toutes les femmes en âge de procréer c'est un dépistage statistique, aléatoire, dangereux, de la trisomie, qui comporte une phase diagnostique à ce point risquée qu'elle peut vous faire perdre votre bébé dans 1 % des cas. Donc, on feint d'apprendre aujourd'hui que la France a proposé, encouragé, prescrit et financé depuis vingt ans un système prétendument de santé qui, « pour avoir la peau » d'un seul bébé trisomique, a supporté de sacrifier deux bébés sains. Donc, on feint d'apprendre que l'avortement volontaire d'un bébé trisomique a été à ce point sanctuarisé que le prix à payer n'est pas trop élevé s'il faut provoquer la mort, involontaire, de deux bébés à la suite de l'amniocentèse ! Et tout ceci, sans état d'âme. Sans le moindre bémol émis par le comité consultatif national d'éthique. Sans la plus petite indignation des autorités morales.

Le pire est que ces informations étaient connues depuis longtemps mais non communiquées. Comment ? Par l'autopsie des jeunes victimes de ces fausses couches. Deux fois sur trois, le médecin découvre que le fœtus victime de fausse-couche, après une amniocentèse, n'est pas porteur de trisomie 21. Et alors que fait-il ? Il se tait et il ment à la femme qui vient de perdre son bébé. En passant dans sa chambre, après le curetage, il prend un air navré et lui dit que, bien sûr, elle a eu raison de se soumettre à l'amniocentèse, que bien sûr, si c'était lui, il aurait fait pareil, que bien sûr, elle pourra en avoir un autre. Quant à celles qui ont bénéficié d'une PMA, elles ont le droit à l'élégant : « On vous en refera un autre, madame. » Médecins fabricants, femmes clientes, enfants interchangeables...

Mais alors pourquoi, tout d'un coup, le monde médical se met-il aussi imprudemment à rappeler que l'amniocentèse, toujours utilisée, est une technique aussi meurtrière ? Pour la raison simple que, par comparaison, le nouveau test passe pour être paré de toutes les vertus. Non seulement, il est plus rapide, plus sûr, plus efficace, mais il protège la vie, il devient quasiment « pro-life » ! Il évite la perte d'enfants sains par cette amniocentèse dont on peut désormais se passer. Qui n'y serait pas favorable ? Ainsi le nouveau dépistage gagne en honorabilité à peu de frais, en prospérant sur ce passé peu glorieux que l'on ressort juste le temps d'une publicité comparative. Finalement, l'argument est commercial. Tout est bon pour faire vendre le nouveau test de la trisomie, y compris d'avouer qu'on a utilisé des moyens scandaleux et qu'on a menti aux femmes depuis plus de vingt ans.

À considérer trop rapidement ce retournement, certains pourraient dire – et d'ailleurs le disent déjà – qu'à quelque chose malheur est bon : le système précédent était mauvais, le nouveau est meilleur, basta ! Cette manière expéditive de positiver ce qui s'avère un vrai-faux progrès n'est pas recevable. En effet, le message du nouveau test est bien le suivant : bienvenue aux enfants sains qui, eux, ne risqueront plus d'être victimes d'une amniocentèse. En revanche, s'agissant des enfants trisomiques, leur compte est bon, ils seront infailliblement tous détectés, sans faute, et donc éliminés conformément à une pratique sur laquelle il n'est pas question de revenir et qui va même s'accentuer. Le nouveau test n'a pas pour but d'épargner les enfants handicapés mais les enfants sains. L'ennemi n'est pas l'eugénisme mais l'amniocentèse. Se féliciter d'un procédé qui éliminera moins d'enfants sains, mais éliminera tous les trisomiques, est un raffinement dans l'eugénisme.

Dans un système globalement pervers, un dysfonctionnement est évité. Mais supprimer le scandale dans le scandale ne supprime pas le scandale. Ainsi ceux qui vont envoyer à la mort des milliers d'enfants anormaux se trouvent-ils confortés par la certitude qu'ils agissent pour le bien des enfants normaux. Au bonheur des enfants sains...

En réalité, il n'est même pas du tout certain que le nouveau dépistage soit aussi économe de fœtus sains que le laissent supposer les marchands de tests. En effet, le comité d'éthique allemand a démontré, dans une étude, que plus le prix du test va baisser, plus il sera généralisé à des femmes dont le risque de trisomie est faible, moins il sera fiable, plus le nombre de faux positifs sera élevé et plus le nombre d'avortements consécutifs à un test faussement positif aura tendance à se rapprocher du nombre de fausses couches qui se produisent du fait de l'amniocentèse. D'où l'enjeu crucial que constitue la détermination, dans le nouveau test, du taux de faux positifs, c'est-à-dire de trisomies détectées à tort.

Au fond, la dimension génocidaire de cet eugénisme apparait chez ses promoteurs, dans la hantise de rater la cible. Etre génocidaire, soit ! Mais au moins que ce soit à bon escient...

En avril 2013, dans une émission tardive de la soirée, passait un documentaire sur France 3, intitulé

Au nom de la race et de la science, Strasbourg 1941-1944. Ce film revenait sur un épisode moins connu mais très révélateur de l'idéologie nazie : la sélection de quatre-vingt-six juifs et juives à Auschwitz, transférés vivants dans un camp dans les Vosges pour y être gazés et transportés « intacts » à l'Institut d'anatomie de Strasbourg où leurs corps ont été plongés dans du formol avant de servir de support pour la recherche anatomique sur la *race juive*. Les travaux menés par le Pr Hirt entendaient identifier très scientifiquement, notamment grâce à une collection de crânes, les caractéristiques juives.

Un historien, Yves Ternon, interrogé dans le documentaire expliquait :

« C'est quasiment obsessionnel chez eux [les nazis] de savoir qui est juif et qui n'est pas juif. Dans cette vision absolument paradoxale ils ne veulent pas commettre d'erreurs. Ils ne veulent pas tuer des gens qui ne sont pas juifs. Et donc cette recherche scientifique, bien entendu pseudo-scientifique, est prioritaire. »

Et la voix off de reprendre : « Comment définir les juifs de la manière la plus scientifique qui permette de les trouver tous et de tous les détruire. »

Comment ne pas commettre l'erreur de tuer des fœtus qui ne seraient pas trisomiques, mais comment trouver tous ceux qui le sont et les soumettre à un dépistage, ce « mal nécessaire » susceptible de les tuer tous ? Comment généraliser un test qui permet d'éliminer les enfants trisomiques avant la naissance sans toucher aux autres ?

Telle est l'obsession des militants de *La Ruée vers l'Or des Mongols* qui n'en ont jamais fini de perfectionner l'identification scientifique des trisomiques (le nombre des chromosomes, l'épaisseur de la nuque, le périmètre crânien, la taille des fémurs, la longueur céphalo-caudale, la petitesse de l'os du nez, l'implantation basse des oreilles, l'écartement des yeux, etc.) par peur, la seule qu'ils expriment, une peur panique de se tromper de cible.

10

L'obsession de l'exhaustivité

Le 25 janvier 2011, des propos saisissants sont tenus à l'Assemblée nationale au sein de la Commission spéciale chargée d'examiner le projet de loi relatif à la bioéthique.

Il s'agit des mots d'un député socialiste de l'Ardèche, âgé de 31 ans, Olivier Dussopt. Il aurait dit ceci :

« *Quand j'entends que « malheureusement » 96 % des grossesses pour lesquelles la trisomie 21 est repérée se terminent par une interruption de grossesse, la vraie question que je me pose c'est pourquoi il en reste 4 % ?* ».

Il faut se pincer pour le croire.

On pensait avoir touché le fond dans la descente aux Enfers de l'eugénisme, en France. Mais là, on découvre un instrument typique de la panoplie des armes eugénistes : l'obsession de l'exhaustivité. Il faut achever la tâche, aller jusqu'au bout du travail et passer le cap des 96 % pour atteindre enfin 100 %.

Cette perversité – apparemment nouvelle – est d'une gravité insoupçonnée car elle signe la dimension génocidaire de l'eugénisme décrite par le Pr Milliez.

Quand on vérifie la phrase dans le compte rendu des débats de l'Assemblée nationale, en espérant être rassuré par le contexte, voilà ce qu'on trouve au fil de l'intervention orale du député :

« (...) lorsque je lis que l'objectif est de permettre à une femme enceinte, dont l'enfant à naître serait atteint d'une pathologie, de quasi-systématiquement rencontrer « une famille dont un membre est atteint de cette maladie », je m'inquiète des pressions susceptibles d'être exercées sur cette femme pour la convaincre qu'il peut être merveilleux d'avoir un enfant handicapé ou atteint d'une pathologie lourde. Quand j'entends que « malheureusement » 96 % des grossesses pour lesquelles la trisomie 21 est repérée se terminent par une interruption de grossesse, la vraie question que je me pose c'est pourquoi il en reste 4 %. » ...

Un peu plus tard, Noël Mamère raillait, dans un cynisme absolu : « La mère et la famille sont libres de considérer qu'un enfant trisomique est un cadeau du ciel. »

Il faut se rendre à l'évidence, M. Dussopt a bien prononcé ces paroles. Non seulement le contexte de son intervention n'y change rien, mais il se révèle une circonstance aggravante. C'est bien pire.

En l'occurrence, il était question, dans le projet de loi de bioéthique de 2011, de permettre à une femme enceinte qui reçoit un diagnostic de trisomie 21 d'être aidée à surmonter l'épreuve par la mise en contact avec d'autres personnes ayant vécu la même expérience.

Au cours des États généraux qui avaient précédé le débat sur la loi, certains parlementaires, indignés de la solitude des femmes enceintes auxquelles on jette ce diagnostic à la figure, les sommant de choisir quasiment sur le champ si elles veulent ou pas garder leur enfant trisomique, avaient suggéré l'idée que la rencontre d'autres familles pouvait offrir un regard différent et donc un éclairage nouveau sur la trisomie 21. Car il existe, oui, des familles heureuses, qui certes auraient préféré être épargnées par la maladie, mais où les enfants trisomiques aiment et sont aimés. L'idée, qui est mise en œuvre couramment pour le diagnostic d'autres maladies, est assez peu originale en elle-même. On appelle cela de la compassion, de l'entraide, de la fraternité, ce qu'on voudra...

Mais, pour la trisomie 21, M. le député Dussopt ne voit strictement aucun intérêt à procéder de la sorte. Il y est même résolument opposé. Dans son univers mental, il n'envisage pas, fût-ce un instant, qu'un diagnostic de la trisomie 21 puisse se terminer autrement que par une interruption de grossesse.

Si, par extraordinaire, une femme envisageait de garder son enfant, Dussopt a même l'audace de supposer que ce serait à cause d'une pression intolérable.

Mieux encore, il imagine qu'une maman pourrait aimer son enfant trisomique au point de dépeindre à une autre femme, enceinte à son tour d'un enfant atteint de la même pathologie, la réalité d'une situation familiale qui risquerait de devenir acceptable ! La réalité est fasciste...

Il n'y a rien à faire, on a beau la retourner dans tous les sens, la phrase dit bien ce qu'elle veut dire. Les mots ne sont pas des boites vides. Ils ne sont pas des bruits chargés d'habiter le silence. Ils ne voltigent pas n'importe où comme des papillons ou des ballonnets de foire. Dussopt exprime bien un étonnement « naïf » face à l'éradication inachevée des enfants trisomiques.

C'est le regret d'une élimination imparfaite. Son seul regret n'est pas que la France ait organisé le massacre des innocents, mais au contraire qu'elle en ait laissé s'échapper.

Le parlementaire ne cherche pas à comprendre pourquoi la quasi-totalité d'une population (96 %), celle des enfants trisomiques 21, est stigmatisée par son génome et est avortée sous le pavillon de complaisance de la médecine. Il s'en offusque encore moins. Tout est logique, sous contrôle, normal. Cela ne lui pose pas de problème. Il ne s'interroge pas. Il n'émet aucun doute. Voilà un homme de certitudes. Non, il n'y a pas de débat à ouvrir sur le niveau inquiétant des chiffres annoncés. Ce qui le chagrine, c'est plutôt que ces chiffres ne soient pas ronds. Parce que c'est tellement plus pratique les chiffres ronds, et puis c'est rassurant. Ce qu'il ne comprend pas c'est que le processus ne soit pas allé à son terme : 100 % d'élimination d'enfants trisomiques avant la naissance, voilà qui serait vraiment la perfection dans la norme. Ce qui le dérange, c'est qu'il en reste 4 %, un chiffre qui ne ressemble à rien !

Contrairement à ce que suspectent ses amis, personne ne songe à nourrir une agressivité particulière vis-à-vis d'Olivier Dussopt. Disons qu'on lui fait crédit de son ignorance et/ou de sa sincérité. Le drame est qu'il a avoué, de son propre chef, ce qui est une vérité latente dans notre pays. À travers l'authentique ou feinte naïveté de ses propos, il confirme publiquement ce que la quasi-totalité de la sphère politico-médiatico-médicale pense, mais que personne n'osait formuler aussi crûment avant lui : les enfants trisomiques doivent tous être éliminés non par un bourreau inculte mais au nom du progrès, non par une faiseuse d'anges mais par une blouse blanche, non par le sabre mais par le scalpel.

Alors s'il ne naît plus aucun enfant trisomique et qu'on peut faire passer cette purification génétique sur le compte de la science, ou pire d'un eugénisme consensuel des familles, personne ne s'en plaindra et tout le monde sera content.

En somme, il suffit de se persuader et de faire croire à l'opinion que, grâce aux avancées de la médecine, on peut éviter la naissance d'enfants handicapés, comme on éviterait la grippe par un vaccin. Quitte à s'étonner benoîtement qu'il en naisse encore...

Et quand on est parlementaire de la République française, les mots ont un poids encore plus lourd.

Le souci de l'exhaustivité entretenu par le lobby du dépistage alimente une telle aversion envers l'enfant trisomique qu'elle se transforme en « ordre moral » de tout faire pour qu'il n'existe plus.

Cette barbarie désinhibée, assumée, de décideurs disposés à l'éradication d'une fraction de la population, est autrement plus grave que le défaut d'étanchéité des prothèses mammaires ou la viande de cheval dans les lasagnes, mais on s'en offusque moins dans l'hémicycle.

11

Le fichage des handicapés

Tout le monde se souvient de la thalidomide, ce médicament prescrit contre les nausées de la femme enceinte, qui s'est révélé ensuite la cause de nombreuses malformations embryonnaires. Historiquement, c'est après ce drame, survenu au début des années 1960, que la mise en place d'un système de surveillance des malformations congénitales s'est imposée en France, ainsi que dans d'autres pays d'Europe. Des registres de malformations congénitales existent donc en France depuis cette époque. Ils ont pour but de raccourcir les délais entre les premières observations d'enfants porteurs d'anomalies et la découverte de l'origine des dommages causés. Progressivement, l'intérêt des registres s'est porté sur d'autres causes de malformations que les médicaments ; il s'est étendu à l'exposition du fœtus à des substances variés ou à d'autres risques, environnementaux ou professionnels par exemple. Mais le but était toujours de pouvoir mettre en place une véritable prévention primaire. Un Comité national des registres a été créé pour encadrer le développement de ces structures, en coordination avec l'Institut de veille sanitaire et l'Inserm. La France compte actuellement sept registres de malformations congénitales surveillant systématiquement les issues de grossesses de dix-neuf départements, soit environ 22 % des naissances en France.

Mais au-delà de cette surveillance épidémiologique classique, les registres se sont révélés aussi capables d'évaluer l'efficacité des politiques de dépistage anténatal sur la prévalence des naissances d'enfants handicapés. La trisomie 21, qui est la seule pathologie pour laquelle est prévue une politique de dépistage prénatal systématique, et pour laquelle les centres pluridisciplinaires de diagnostic prénatal délivrent automatiquement une autorisation d'avortement, est évidemment au cœur de l'activité des registres. La mesure de l'efficacité est facile à réaliser : plus le nombre d'avortements d'enfants trisomiques se rapproche du nombre d'enfants dépistés, plus la politique de dépistage est efficace.

Ainsi, le registre des malformations de Paris a-t-il permis de montrer qu'en vingt ans, entre 1980 et 2000, l'élévation importante de l'âge maternel a contribué à augmenter la prévalence totale de la trisomie 21 de 5 % par an. En contrepartie, la proportion de cas de trisomie détectés en prénatal a augmenté d'un facteur 9 sur la même période. En 2008, il était déjà acquis que près de 90 % des trisomies étaient détectées en prénatal et que dans plus de 90 % des cas les grossesses étaient interrompues. Exact parallélisme des courbes : plus on dépiste, plus on élimine, plus la politique est efficace. On a considéré qu'on avait « atteint dès la fin des années 1990 un taux de diagnostic prénatal très élevé qui ne peut plus augmenter beaucoup car il reflète en partie la limite de sensibilité des techniques actuelles de dépistage, et aussi le fait que certaines femmes ne désirent pas faire de diagnostic prénatal ». Toutefois, il fallait quand même continuer la surveillance de la trisomie 21 pour relever si « d'éventuels changements de pratiques ou de la politique de dépistage peuvent contribuer à modifier les tendances ». Un écart des courbes de dépistage et d'avortement signalerait une baisse inquiétante de performance du système.

Ce glissement de l'évaluation des mesures de prévention vers l'évaluation des mesures de dépistage, singulièrement de la trisomie 21, n'a rien d'innocent. Il tend à assimiler, de façon totalement schizophrène, le dépistage à une prévention et l'avortement à une thérapie. Le fœtus est considéré tantôt comme un patient à soigner (quand il est exposé à un risque quelconque), tantôt comme le risque lui-même à éliminer (quand il est diagnostiqué trisomique) ! Dans le premier cas, il faut administrer un remède à l'enfant pour le faire échapper à la mort, dans le second cas, il faut administrer la mort à un enfant pour le faire échapper au remède. Et les statistiques additionnent tout cela sans état d'âme.

Dans une communication de 2013 à l'Académie nationale de médecine, intitulée « Registres de malformations congénitales : un outil pour la surveillance, la recherche et l'évaluation des actions de santé », l'équipe de l'unité 953 de l'Inserm ne cache pas son jeu :

« Comme il existe une grande diversité entre les anomalies congénitales, nous nous sommes particulièrement intéressés à trois types d'anomalies contrastées : 1) les cardiopathies congénitales qui constituent le volet principal de nos projets en cours et à venir. Il s'agit d'un groupe important mais hétérogène d'anomalies dont beaucoup sont curables à condition qu'un traitement médical et/ou chirurgical soit initié rapidement après la naissance ; le dépistage prénatal des cardiopathies congénitales est recommandé et de plus en plus souvent réalisé pour une prise en charge médicale optimale ; *2) la trisomie 21, anomalie pour laquelle plusieurs techniques de dépistage prénatal sont disponibles et, si la femme le souhaite, l'interruption médicale de grossesse est possible pour les fœtus atteints,* et 3) les anomalies de fermeture du tube neural : l'exemple le plus important de la possibilité de prévention primaire [par l'administration d'acide folique en anténatal – NDLR] pour un groupe d'anomalies congénitales. »

Cherchez l'erreur ! Dans ce texte, on a donc deux poids, deux mesures : d'un côté les pathologies justiciables d'une solution thérapeutique ou réellement préventive, de l'autre la trisomie 21 pour laquelle la seule alternative à la naissance est l'avortement. Le traitement et l'avortement, ensemble, étant indistinctement qualifiés d'« actions de santé ».

Ainsi, comment s'étonner si, trompés par une assimilation scandaleuse de la mort à la santé et du crime à la médecine, beaucoup ne voient pas que nous avons franchi le Rubicon et que nous sommes en train de passer du fichier au fichage des trisomiques.

En effet, un arrêté du ministre de la santé en date du 27 mai 2013, pourtant jugé illégal par le Conseil d'État, *impose* aux praticiens, aux biologistes médicaux et aux cytogénéticiens de transmettre un certain nombre de données concernant la mère et l'enfant qu'elle porte. Ces données sont transmises principalement à l'agence de la biomédecine qui les centralise puis adresse une partie plus ou moins importante du résultat de ses analyses à différents organismes : direction générale de la santé du ministère, agence nationale de sécurité du médicament et des produits de santé, fédération française des réseaux de santé en périnatalité, ainsi qu'aux organismes agréés par la haute autorité de santé.

Le préambule de l'arrêté vise un arrêté de la commission informatique et liberté (CNIL), mais en l'espèce, l'avis de la CNIL autorisant l'exploitation des données concernées n'est accessible nulle part.

En réalité, cet arrêté rompt l'égalité de traitement dont devraient pouvoir jouir les personnes atteintes de la trisomie 21 et instaure une situation de discrimination à leur égard. En effet, cet arrêté ne concerne que la trisomie 21. Or il faut rappeler que, lors des discussions de la loi de bioéthique de 2011, de nombreux débats avaient eu lieu sur la stigmatisation et la discrimination provoquées par le recensement précis d'une liste des affections d'une particulière gravité pouvant faire l'objet d'une interruption médicale de grossesse. À la suite de ces discussions, qui impliquaient plusieurs associations de familles, le gouvernement de l'époque décida de ne pas établir cette liste, considérant que cette mesure conduisait à une discrimination. Malgré cela, donc, l'arrêté impose et organise une très large diffusion des données concernant la mère et son enfant qui permettent à leurs destinataires de faire un état des lieux de l'efficacité du diagnostic prénatal pour chaque grossesse. Chaque fœtus trisomique et chaque « issue de grossesse », pour reprendre l'euphémisme officiel, se trouvent ainsi fichés à l'échelle nationale. Un tel recensement institutionnalisé vient renforcer l'idée que la naissance d'un enfant trisomique marque un échec de « l'action de santé » qui leur est généralement réservée : la mort.

Sur le plan du respect de la vie privée, cet arrêté est tout aussi catastrophique puisqu'il recueille la date de naissance de la femme enceinte, la date de la réalisation de l'échographie du premier trimestre et la date du prélèvement sanguin. En recoupant ces données, notamment avec le numéro identifiant du laboratoire autorisé pour effectuer les analyses, l'identité de la femme enceinte est aisément accessible. Force est donc de constater que ces données présentent un caractère personnel. Sans compter que la liste des données prévues par l'arrêté n'est qu'une énumération a minima. Cela signifie que d'autres données, ayant un caractère personnel direct ou facilitant encore l'identification de la femme enceinte, pourraient également être transmises, bien qu'elles ne soient pas expressément visées dans l'arrêté.

Or, dès lors que ces données revêtent un caractère personnel, leur recueil doit satisfaire aux deux conditions posées par le Conseil constitutionnel, à savoir : être justifié par un motif d'intérêt général et être adéquat et proportionné à l'objectif poursuivi. Mais la transmission et le traitement de données, qui s'affranchissent de la liberté du médecin dans l'exercice de son art et du consentement de la femme enceinte, sont totalement injustifiés au regard de l'objectif poursuivi. En effet, le recueil de ces données a pour but l'évaluation du diagnostic prénatal de la trisomie 21 et la constitution d'un fichier répertoriant les fœtus atteint ainsi que l'issue des grossesses, ce qui ne saurait constituer un objectif d'intérêt général.

Le dérapage du fichier vers le fichage répond en fait, très concrètement, à une demande de la technique et du marché qui veulent investiguer les angles morts du dépistage, et ceci en vue d'améliorer encore les performances d'un système qui élimine déjà une population presque entière et accumule des profits conséquents.

En effet, pour qu'une simple prise de sang de la mère enceinte soit un élément sûr de dépistage et devienne même un test diagnostic, ce qui rendrait caduque l'amniocentèse et les risques collatéraux, il faut que le taux de faux positifs (fœtus diagnostiqués trisomiques à tort) soit proche de zéro. C'est ce qu'on appelle la « spécificité », qui est la capacité du test à identifier les non-trisomiques. Sinon, le nouveau test ne présente pas d'avantage par rapport à l'amniocentèse s'il induit lui aussi l'avortement d'enfants sains ! Il faut aussi identifier le cas des trisomiques non dépistés, ou faux négatifs, qui seul permet de calculer la « sensibilité » du test, c'est-à-dire son aptitude à identifier 100 % des trisomiques, argument marketing central. Or il n'y a pas d'autre moyen de recenser les défaillances du système que de suivre toutes les issues de grossesses et donc de les ficher toutes.

Un article scientifique du 31 octobre 2014, sous le timbre de l'Agence de la biomédecine, le confirme :

« L'évaluation des indicateurs mesurant l'efficacité des différents tests de dépistage, et en particulier la sensibilité, nécessite de connaître l'issue de grossesses de toutes les femmes dépistées afin d'identifier les cas de trisomie 21 non dépistés (faux négatifs). Pour réaliser cette étude, il faudrait suivre et connaître l'issue de grossesse d'environ 700 000 femmes chaque année pour identifier moins de 200 cas (...). »

Ficher toutes les grossesses pour mettre en échec l'impertinence des quelques d'enfants de trisomiques qui naissent encore : une folie !

À ce niveau de perfectionnisme, il est difficile de ne pas se souvenir des dispositions qui ont été prises en Allemagne avant la guerre pour éliminer selon des critères spécifiques les enfants handicapés mentaux. Götz Aly rapporte, dans son livre *Les anormaux*, qu'un décret instaura l'obligation de recenser, sur un registre, les « nouveau-nés malformés et autres ». Tous les professionnels de santé avaient l'obligation de remplir les formulaires prévus. Il était indiqué pudiquement que les données ainsi recueillies servaient à améliorer la prévention : « L'élucidation de questions scientifiques dans les domaines des malformations congénitales et du retard mental requiert un recensement aussi précoce que possible des cas pertinents. »

En tête de la liste de ceux qu'il convenait d'enregistrer sur un fichier figuraient les enfants atteints d'« idiotie mongolienne ».

12
L'eugénisme, un progrès éthique ?

L'apport collégial du comité consultatif national d'éthique (CCNE) français, dont l'avis favorable au nouveau test a été rendu en avril 2013, n'a pas été d'une grande épaisseur morale. Le mot est faible. Il est intéressant de noter que le CCNE a été saisi de la question du dépistage non invasif de la trisomie 21 par la direction générale de la santé et par le collège national des gynécologues et obstétriciens français, ce dernier venant de se prononcer pour le nouveau test en janvier 2013. Difficile de le désavouer. Mais il a surtout été saisi par le laboratoire européen Cerba qui réalise déjà depuis quelques années des diagnostics prénataux fondés sur l'ADN circulant avec la technique issue de la plateforme du laboratoire de... Sequenom qui, selon certaines sources, devait lui céder la licence. Or, le CCNE considérait qu'il avait déjà rendu un avis favorable au dépistage de la trisomie en octobre 2009 et que sa saisine, une nouvelle fois sur le sujet, n'était pas nécessaire. C'est donc sur l'insistance « commercialement compréhensible » de Cerba que le CCNE s'est à nouveau prononcé dans un avis du 25 avril 2013, rendu deux mois avant l'avis de son homologue, le *Deutscher Ethikrat*, le Conseil d'éthique national allemand. Le comité d'éthique au service des intérêts privés d'un laboratoire (« ce test existe déjà en France, nous ne pouvons pas nous permettre d'attendre encore deux ans avant d'agir », disait le Pr Benachi de l'hôpital Béclère qui travaille avec Cerba). Passons...

Là aussi, la position française diffère de celle de l'Allemagne. Tandis que le comité d'éthique allemand publie, avec son avis favorable, des opinions dissidentes fermement opposées au nouveau dépistage, le comité d'éthique français rend un avis unanime, sans la moindre opinion dissidente. Pour mémoire, on rappellera que le représentant de la religion catholique qui siège au CCNE n'a absolument rien trouvé à redire à ce qui ressemble fort à un tapis rouge déroulé au nouveau dépistage. Sans quoi, il lui aurait été possible de le dire et de le faire mentionner en annexe à l'avis du Comité.

Dans son avis, le Comité consultatif national d'éthique prend le parti d'analyser uniquement le volet technique de ce nouveau test jugé plus « efficace » pour dépister les fœtus trisomiques, plus « précoce », ce qui permet des interruptions volontaires de grossesse, à la place des interruptions médicales de grossesse, et « moins dangereux » car diminuant le nombre de fausses couches. Le volet éthique se résume à un deux poids deux mesures cynique et inhumain : le CCNE met en garde contre l'utilisation de ce nouveau test pour toutes les pathologies qu'on pourra détecter avant la grossesse... excepté la trisomie.

Ce faisant, le CCNE commet deux fautes de raisonnement. D'une part, il relève que le nouveau test ne changera rien à un système d'éradication déjà très abouti. D'autre part, il applique un jugement différent à la trisomie et aux autres pathologies détectables.

Le comité prend acte du fait que la trisomie conduit déjà à l'avortement dans 96 % des cas où la maladie est diagnostiquée. Une population quasi complète est éliminée sur le critère de son génome. Le principe de précaution enjoindrait, au minimum, de lever le pied, voire de suspendre le système, ou au moins de s'interroger. Au lieu de cela, le comité ne voit pas de raison de refuser un test plus efficace dont il admet lui-même qu'il aura pour conséquence de diminuer encore le nombre de naissances trisomiques. Autrement dit, la société a déjà fait un choix mortifère avec le dépistage actuel. Son perfectionnement n'entraîne donc pas de problème éthique nouveau. On va dans le mur, alors allons-y à fond ! Un raisonnement aussi corrompu n'est possible que pour s'appliquer à la trisomie. Le comité va plus loin encore, en vantant même un « progrès éthique », dans la mesure où le test limiterait les effets secondaires délétères du dépistage actuel, liés à l'amniocentèse qui élimine un pourcentage plus important de fœtus sains que de fœtus trisomiques. Il est donc plus moral de tuer un fœtus trisomique qu'un fœtus qui ne l'est pas.

Le CCNE sait aussi compter et évalue, sans sourciller, à 1 milliard € le coût du test s'il était étendu à toutes les femmes enceintes. Juste 1 milliard €, rien que cela ! Sans dépistage, il naîtrait environ 1 300 trisomiques. L'élimination de chacun d'entre eux coûtera donc près d'1 M€ à la société ! Mais cette arithmétique ébouriffante ne lui arrache aucune autre considération qu'un atermoiement économique convenu relatif aux conséquences sur les dépenses de santé. En revanche, le CCNE veut bien voir « une interrogation éthique sur la manière dont la société accueillera et accompagnera celles et ceux qui, de moins en moins nombreux, continueraient de naître porteurs de ce handicap. Quel regard porterait la société sur les parents qui auraient choisi de donner naissance à des enfants porteurs de trisomie 21 ? ». Mais c'est pour en conclure aussitôt, dans un relativisme complet, « qu'une telle interrogation ne devrait pas pour autant aboutir à culpabiliser ceux qui préféreraient éviter, pour eux-mêmes et leurs familles, les difficultés liées à l'éducation d'un enfant trisomique et à son devenir ».

Si le comité a choisi d'abandonner la trisomie à son triste sort, en revanche il affiche une inquiétude relative à d'autres pathologies qui pourraient être diagnostiquées avec le nouveau test. Là, curieusement, il se pose des questions. Quelle serait la légitimité de tels diagnostics prénatals quand les maladies prédites seraient d'une « particulière gravité et actuellement incurables » c'est-à-dire justiciables d'une demande d'avortement ? Cette fois, il se soucie des conditions qui seraient à respecter : la décision personnelle de la femme enceinte ou du couple et non la mise en place d'une politique de santé publique imposée à tous, la poursuite des efforts de recherche sur les maladies concernées et d'accueil par la société des personnes porteuses de ces maladies. On croit rêver et lire en creux tout ce sur quoi le CCNE a déjà cédé. Que n'a-t-il réagi, s'agissant de la trisomie, alors qu'il était encore temps ? On se demande s'il réalise la duperie de ses propos. Incapable depuis vingt ans d'affronter la montée inexorable de l'eugénisme de la trisomie 21, il se promet d'être plus avisé demain ! Qui peut-il convaincre ? Son avis crée arbitrairement deux situations différentes pour la trisomie et pour les autres pathologies. La trisomie sert de frontière à l'eugénisme. Jusqu'à la trisomie, y compris, il n'y a pas d'eugénisme. Au-delà, peut-être, on se tâte...

Pierre Le Coz, qui en a été vice-président jusqu'en 2012, nous renseigne sur l'utilité du CCNE : « Il faut se rendre à l'évidence : nous vivons dans un monde régi par un processus technique qui nous entraine de façon irrésistible et irréversible. (...) Ses progrès sont si éblouissants que l'on ne peut qu'y acquiescer. C'est pourquoi tout ce qui est possible sera réalisé. (...) *Il y a bien longtemps que nous avons perdu le contrôle de la situation.* »

Sur la foi d'un aveu aussi lucide, on réalise que le CCNE vient de de donner carte blanche aux firmes (dont l'une, à l'origine de la saisine du comité, est directement intéressée) qui attendent avec impatience de toucher les dividendes de l'eugénisme, dans *La Ruée vers l'Or des Mongols.*

De fait, en novembre 2013, sept mois après l'avis positif du comité d'éthique, le Pr Alexandra Benachi et le laboratoire Cerba annonçaient la mise à disposition du nouveau test prénatal non invasif. Et, le 10 décembre 2013, Sequenom et Cerba assuraient son lancement commercial en France. Mais pas seulement. Trois nouveaux pays européens (France, Belgique, Luxembourg), un au Moyen-Orient (Liban) et huit autres africains étaient concernés (Maroc, Côte d'Ivoire, Algérie, Tunisie, Lybie, Sénégal, Burkina Faso, Cameroun).

Comme l'observait avec malice le regretté Jean Foyer, ancien Garde des Sceaux, à propos de la légalisation sur l'avortement à laquelle il s'était courageusement opposé, « il importe de ne pas laisser aux riches le monopole du vice, mais d'en offrir aussi aux pauvres l'égalité d'accès ».

Mais ce n'est pas tout, le milieu du handicap lui-même ne voit plus aucun inconvénient à pactiser avec l'eugénisme, dans une sorte de curieux syndrome de Stockholm.

13

Le syndrome de Stockholm des handicapés

Si certains médecins ne font plus leur travail correctement et si de nombreuses familles, soumises à une offre irrésistible, sont tentées de baisser les bras, il y a au moins une catégorie sociale qui ne peut pas rester indifférente à l'eugénisme, c'est celle qui regroupe les personnes handicapées elles-mêmes et leur environnement familial, au premier rang duquel il faut citer les parents. C'est la détermination et le courage des parents dans les années 1960 qui sont à l'origine de la première préoccupation collective des enfants « inadaptés », comme on disait autrefois. Initiative privée tout d'abord qui a réussi à inciter peu à peu l'État à prendre ses responsabilités.

Ce monde du handicap mental compte d'ailleurs de belles figures d'avocats parmi lesquelles une philosophe comme Danielle Moyse par exemple qui ne manque jamais une occasion de se battre contre la stigmatisation des personnes trisomiques, y compris dès avant leur naissance.

L'Unapei (Union nationale des parents d'enfants inadaptés) est la plus importante fédération d'associations de parents d'enfants souffrant d'un handicap mental, dont une partie d'entre eux sont porteurs de la trisomie 21. L'Unapei, c'est une galaxie de générosité et de dévouement : 550 associations affiliées dont 300 associations gestionnaires, 55 000 familles adhérentes, 71 470 bénévoles, 200 000 personnes handicapées accueillies, 70 000 majeurs protégés accompagnés, 3 117 établissements et services gérés, 94 000 professionnels employés.

Vivre Ensemble est le journal de l'Unapei. Or, dans son numéro de juin 2014, il a donné la parole au Pr Israël Nisand qui s'exprime en ces termes sur la question du dépistage :

« En 1974, au début de mon internat, quand mon patron m'a confié le dossier du diagnostic prénatal (DPN), je l'ai vécu comme un bannissement. Au final, j'ai participé au développement de cette discipline sur le plan académique. Quand le DPN est devenu de plus en plus pertinent, on s'est évidemment posé des questions éthiques. On ne peut pas faire du DPN, *où on décide de la vie ou de la mort d'un fœtus*, sans se demander quelle médecine on veut. On a une médecine aujourd'hui extrêmement invasive, puissante. Je me suis vite rendu compte que la médecine fœtale est très particulière. *C'est la seule médecine qui porte la mort dans ses outils thérapeutiques.* Comme le dahu, les « pattes » du diagnostic sont plus longues que les « pattes » thérapeutiques. Pour 6 000 diagnostics, nous n'avons que 10 traitements. Entre les deux, il y a l'interruption médicale de grossesse. Quand on sait cela, on manipule différemment l'éclairage de la femme. La parole médicale doit être encadrée, policée car *nous pouvons faire passer le projet d'enfant à la trappe en quelques minutes.* C'est ce que j'appelle la parole qui tue (...). »

C'est ainsi que s'exprime le professeur de médecine que l'Unapei a choisi d'interroger dans son journal. Mais qui est Israël Nisand ? Dans le documentaire « Naître ou ne pas naître » diffusé sur France 5 en mars 2010, voilà comment M. Nisand parlait de lui lors d'un stage de formation de médecins à l'hôpital CMCO de Strasbourg :

« Je suis assez content d'être né avant le diagnostic prénatal. Je vais aller un peu plus loin : ma mère n'a jamais eu à formuler devant moi, en phrase, avec sujet-verbe-complément, ce qu'elle aurait fait de moi si j'avais eu un ch'ton. Elle n'a jamais eu une parole de mort à mon égard. Ah, je ne dis pas qu'elle n'a pas été inquiète là-dessus, elle m'a sûrement retourné comme toute mère pour voir si j'avais le trou de balle et tout... probablement qu'elle a fait ça comme toutes les mamans. Mais elle n'avait pas dans sa poche et dans son escarcelle la phrase que « si mon enfant est taré, je veux qu'on le tue », parce que cette phrase là... ».

Et pourtant, c'est le même homme qui se justifie de faire pour les autres ce qu'il remercie sa mère de n'avoir pas fait pour lui :

« À tout bout de champ, j'ai pesé sur le fait que l'échographie et les tests biologiques soient accessibles à tout le monde. Entre 1992 et 1997, alors que les dépistages sur les marqueurs sériques de la trisomie 21 n'étaient pas remboursés dans le service que je dirigeais à Poissy, on avait même fait une mini cagnotte pour financer les dépistages aux femmes qui n'en avaient pas les moyens. Parce que sans cela, la pratique serait plus discriminatoire et le système plus eugénique encore. »

Vivre Ensemble lui demande alors : « Vous parlez donc d'eugénisme ? ».

Nisand ose cette réponse dans le journal de l'Union nationale des parents d'enfants inadaptés : « *Oui, quand on choisit les enfants à naître, on est dans un programme eugénique.* Le terme effraie car on pense forcément au régime nazi. Même si le DPN n'est pas discriminatoire, pas coercitif (quoique on peut se poser la question parfois), même si son fondement scientifique est légitime, il ne faut pas se le cacher et *cela ne m'offense pas de l'accepter.* »

L'eugénisme, ça n'offense pas Nisand de l'accepter… ni apparemment l'Unapei de s'en faire l'écho ! Le journaliste poursuit : « À partir de quand cela se justifie-t-il ? ».

« Ce que je mets tout en haut, répond Nisand, c'est le désir des parents. Ce sont les parents qui décident, mais pas toujours. La loi a eu raison de laisser en dernier recours aux médecins le droit de ne pas accepter l'interruption médicale de grossesse. »

Propos d'une rare hypocrisie. Jamais, aucun médecin n'exerce le droit de ne pas accepter l'interruption médicale de grossesse d'un enfant trisomique. Ce droit purement théorique permet de se draper dans une dignité perdue. L'enfant trisomique qu'une mère ne veut pas garder n'a strictement aucune chance d'être sauvé par un médecin français !

À la question de savoir ce qu'il pense des nouvelles techniques par prélèvement sanguin de dépistage de la trisomie, le Pr Nisand précise :

« Si on accepte l'idée que des parents puissent savoir, on ne peut qu'être d'accord pour améliorer le diagnostic et éviter les risques de fausses couches dans 95 % des cas. Par contre, contrairement à l'avis de l'Unapei auquel j'ai participé, je pense que le DPN non invasif devrait être de première ligne. Quand on fait du dépistage, on met en première ligne le test le plus fiable. Pourquoi on ne le fait pas ? Parce que la France est en retard dans ses laboratoires. Ma seule motivation, c'est l'intérêt des femmes. »

L'intérêt des femmes mais pas celui des enfants handicapés ! Alors, il aurait fallu écrire dans *Elle*, mais pas dans *Vivre Ensemble*...

Pour se prononcer sur le sujet, l'Unapei a réactivé une commission d'éthique en sommeil. Pratiquement aucun de ses membres n'est opposé au dépistage de la trisomie 21. Sa figure la plus médiatique est un partisan sans réserve de la généralisation du nouveau test, Israël Nisand. Sa position sera celle que l'association de parents adoptera :

« L'Unapei se prononce en faveur de la généralisation du diagnostic prénatal des anomalies génétiques du fœtus à partir d'un simple prélèvement de sang de la femme enceinte, à toutes les femmes identifiées à risque, en tous points du territoire et dont le consentement éclairé a été préalablement recueilli. Elle revendique son financement via la solidarité nationale. Le diagnostic prénatal doit être réservé aux femmes reconnues à risque à l'issue des dépistages de première intention : analyses de sang et mesures échographiques. En revanche, ce test ne doit pas être généralisé à la détection d'anomalies génétiques non recherchées initialement. L'Unapei demande aux pouvoirs politiques l'ouverture de lignes budgétaires pour financer les services d'information, d'accueil et d'accompagnement des familles concernées par le diagnostic prénatal. Les associations du Mouvement mènent actuellement une réflexion pour offrir un accompagnement aux futurs parents ayant recours à ce diagnostic. »

L'Unapei officialisera cette position dans un communiqué du 11 juin 2015 avec une mention au début du texte qui en dit long sur son inspiration : « en tenant compte du contexte sociétal ». Comme on dirait : « au nom du peuple français ». Sa présidente, Christel Prado ajoutera, en bas du communiqué, une phrase personnelle qui résonne comme un remord :

« L'Unapei est composée de parents, de proches de personnes handicapées mentales. Nous ne pouvons envisager nos vies sans elles. L'Unapei milite pour le droit à la différence et se doit de valoriser la richesse des apports des personnes différentes dans notre société. Elle veillera à ce que les familles aient véritablement le choix d'avoir recours ou non, au test prénatal et qu'elles ne soient pas influencées par des pressions sociétales. »

L'Unapei n'envisage pas la vie sans les personnes handicapées mentales, mais elle soutiendra quand même une position qui les fait disparaître...

Position schizophrène prise sous l'influence d'un ténor de l'eugénisme médical et d'une pression collective unilatérale.

Mais position incompréhensible de la part d'une fédération d'associations de parents qui se sont battus toute leur vie contre la stigmatisation de leurs enfants handicapés mentaux et qui se sont regroupés justement pour y faire face ensemble. Les victimes de la discrimination génétique qui en demandent encore davantage aux zélés de l'eugénisme, prédateurs et proies réunis dans l'impensable, cela ressemble fort à une manifestation inattendue du syndrome de Stockholm.

On remarquera, dans cette position, l'influence de l'avis du Comité consultatif national d'éthique. L'Unapei prend soin en effet de nuancer son ouverture au nouveau test en le réservant à la détection de l'anomalie recherchée, c'est-à-dire à la trisomie, à l'exclusion des autres. Une apparente modération, comme on l'a vu plus haut, qui valide le mal nécessaire du dépistage de la trisomie (pour eux ce n'est pas grave) mais qui s'inquiète des dérives ultérieures (pour les autres ce serait grave), quand le test permettra de tout voir, de tout dire et de tout prédire. Mais pourquoi serait-ce pire pour les autres ? Cette argumentation tient pour acquis définitif le mal déjà fait, mais redoute naïvement le mal qui reste à faire et pense pouvoir s'y opposer par des incantations. Ce qui revient à pleurer les conséquences dont on chérit les causes... Il est évident, et tout le monde le sait, que rien ne peut s'opposer au marché de l'eugénisme, hormis une morale qui sait dire non, c'est-à-dire, en fin de compte, une morale tout court.

Une fois pour toutes, il faudrait tourner le dos à cette sinistre théorie dite de la « dérive encadrée » qui consiste à accepter une dérive pour dériver avec le cadre en faisant semblant de ne pas s'en apercevoir. Sans cette radicalité, la faiblesse de l'argumentation se retourne : ce qu'on a accepté avec la trisomie, au nom de quoi ne pas l'étendre à d'autres ?

Dès lors que les parents eux-mêmes d'enfants handicapés sont d'accord avec encore plus de dépistage, il n'y a pas lieu de s'étonner qu'un magazine féminin comme *Prima* ait saisi l'occasion de la journée nationale de la trisomie 21 du 16 novembre 2014 pour promouvoir le test de dépistage de l'enfant trisomique avant la naissance. Et qu'il renvoie vers le site Internet de... Cerba, le laboratoire qui lance avec Sequenom le test en France.

Une journée comme on n'en avait encore jamais vue :

« 16 novembre, Journée nationale de la trisomie 21 : cette 12e Journée est l'occasion de parler d'un test de détection par simple prise de sang. Réalisé après le classique dépistage combiné (dosage des marqueurs sériques et échographie), il permet d'éviter, dans certains cas, une biopsie ou une amniocentèse, des examens invasifs et non sans risque. Ce test génétique, au coût de 650 €, est naturellement réservé aux femmes à risque élevé, www.trisomie21-foetale.fr. »

Faire la fête avec les personnes trisomiques en se réjouissant de leur élimination programmée !

Dans sa longue route, *La Ruée vers l'Or des Mongols* ne néglige pas l'utile précaution de prendre le monde du handicap en otage.

14

« Les enfants trisomiques sont un poison ! »

Quand, le 5 octobre 2012, sur France Inter, dans l'émission *La tête au carré*, le Pr Jean-Didier Vincent s'écria en direct : « *Mais pourquoi faut-il conserver les trisomiques qui sont quand même un poison dans une famille, il faut bien le dire !* », les colonnes du temple de Radio France s'ébranlèrent... il faut bien le dire !

Le journaliste-animateur Mathieu Vidard eut du mal à dissimuler un effet de sidération.

Derrière la grande vitre qui sépare la régie de la cage aux fauves, c'était l'affolement, le standard explosait.

Voyant que l'affaire tournait mal, la psychanalyste Claude Halmos empoigna sa trousse de secours féministe et vola à la rescousse du professeur de médecine, lui-même un peu sonné par la virulence de son propre emportement :

« Jean-Didier Vincent a raison, on ne va pas se cacher derrière des boîtes d'allumettes, il s'agit de faire que, contre l'avis des parents, des enfants trisomiques viennent quand même au monde. Alors, autant je suis pour que des parents qui sont prêts à accueillir, parce que ça a du sens pour eux, un enfant trisomique, l'accueillent, je suis absolument pour, autant ceux qui ne se sentent pas à même de le faire doivent pouvoir ne pas l'accueillir, donc les femmes doivent pouvoir avorter [jusqu'à 9 mois – NDLR]. C'est essentiel pour elles, cela ne se fait jamais facilement et c'est essentiel pour l'enfant (sic), parce qu'un enfant qui n'a pas une vraie place ne peut pas vivre normalement. [...] Eh bien moi qui écoute les femmes, si ce test est fiable et s'il est bien, bravo ! Vraiment bravo ! ».

Le temps de cette profession de foi progressiste permit à Jean-Didier Vincent de se ressaisir et de s'apercevoir qu'il avait tout de même proféré une énormité. Il fallait maintenant arrondir les angles avec des propos plus onctueux :

« Vous avez raison. Je connais Madame Rethoré [généticienne de l'Institut Jérôme Lejeune], ma consœur de l'Académie de médecine, je l'apprécie, ce qu'elle fait pour les trisomiques, pour l'éducation, pour leur prise en charge... pour la prise en charge... pour la prise en charge de leurs familles, est absolument admirable. Ça n'enlève rien à son œuvre que de dire que, dans une famille, la présence d'un trisomique qui n'a pas été voulu, vraiment voulu, qui est accepté par la famille, c'est imposer à des enfants qui ne sont pas responsables au même titre que les parents, si ce terme de responsabilité est adéquat, la présence d'un trisomique dans un foyer. C'est quelque chose qui mobilise toutes les énergies de la famille, d'une population entière... »

Cela devenait pathétique. Le naufrage en direct d'un « mandarin » se profilait à l'horizon. L'animateur de l'émission, Mathieu Viard, qui constatait en même temps que le standard était pris d'assaut, reprit le micro pour arrêter les dégâts :

– Écoutez, ce n'est pas la question, vous avez parlé de *poison* tout à l'heure, le terme était...

– Je le retire, finit par consentir Jean-Didier Vincent, piqué au vif.

– Merci pour les familles qui ont des enfants trisomiques et qui, à mon avis, sont...

– Qui sont extrêmement dévouées..., anticipa avec suavité le médecin.

– Oui, mais le terme de *poison* coûte cher !, conclut le journaliste.

Oui, le mal était fait. L'irréparable avait été commis. Tout avait été dit en peu de mots, mais quels mots ! Une vie qui ne serait pas « accueillie parce que ça a du sens » encourt l'avortement ; il y a des parents qui ne veulent pas d'enfant trisomique et des parents qui « vraiment » en veulent ; l'avortement est « essentiel » pour l'enfant trisomique parce qu'il n'aura jamais sa place dans la société ; l'irresponsabilité des parents « impose » un enfant trisomique dans un foyer ; la présence de trisomiques mobilise toutes les énergies « d'une population entière ».

Ce florilège de poncifs déchaîna des torrents de réactions ulcérées mais d'une grande profondeur, des centaines de réactions, toutes dans le sens de l'indignation face aux propos de Jean-Didier Vincent, certaines venant même de l'étranger.

« Dire que les enfants trisomiques sont un *poison* est une violence inouïe faites à toutes les personnes porteuses de trisomie et à leurs familles. Nous sommes parents d'un garçon de 5 ans et nous avons été blessés. Mais plus que notre affect, c'est la liberté et la paix que vise une telle affirmation. Les nazis avaient eu recours au même procédé : commencer par enlever son humanité à une catégorie de personnes en les qualifiant de vermine et justifier ensuite leur élimination méthodique. Le propos est, à ce titre, cohérent avec le thème de l'émission. Ce n'est donc pas un accident. Un homme de la stature de M. Jean-Didier Vincent, qui a eu accès aux plus grandes responsabilités et honneurs, qui a tenu un nombre incalculable d'interviews et de conférences, maîtrise parfaitement sa parole. Cette phrase de *poison pour les familles* a pu être dite parce qu'elle épouse parfaitement la pensée de l'auteur. Il ne s'agit pas d'un dérapage. »

« Entendez-vous ces familles concernées par une « naissance non choisie » et qui nous disent qu'elles ont de la chance d'avoir eu leur enfant avant la généralisation des tests ? Entendez-vous ces femmes qui ne surmontent pas une interruption médicale de grossesse qu'elles ont acceptée sans pouvoir y réfléchir vraiment ? Entendez-vous ces couples qui s'offrent à un petit trisomique abandonné, victime d'une double peine, afin de leur en retirer une en lui offrant une famille ? Non, le libre-choix n'est pas si universellement revendiqué. La grande majorité des parents non confrontés au handicap ne se sont jamais posé la question. Nous le voyons bien autour de nous. Mais l'enjeu est bien plus grand que cette affaire de libre choix. Que fera la société des nouvelles avancées de la technique ? ».

« Je n'en crois pas mes oreilles. Monsieur, quel être humain êtes-vous qui traitez vos congénères de *poison* ? Quel enseignant en médecine êtes-vous qui traitez des patients potentiels de *poison* ? Quel citoyen êtes-vous qui vous permettez de traiter vos concitoyens de *poison* ? Quel expert êtes-vous qui, après des années d'études payées par mes impôts posez de telles assertions sur les personnes atteintes de trisomie dans un média également payé par mes impôts ? Que vous traitiez des personnes – qui plus est vulnérables – de *poison* n'est hélas pas un simple délire ou dérapage verbal, c'est une atteinte à l'intégrité d'autres êtres humains. Je tremble que certains aient pu entendre vos propos. Je suis atterrée aussi que l'on se permette de laisser passer ce genre de propos dans une émission scientifique en se contentant de bredouiller que c'est un terme malheureux. Car ces *poisons*, Monsieur, qui – pour votre information – entendent, qui rient, qui pleurent, qui apprennent, qui parfois lisent, écrivent, peignent, jouent de la musique, souffrent aussi de la bêtise d'autrui. À qui les parents et l'entourage des personnes trisomiques peuvent-ils encore faire confiance lorsqu'ils vont consulter avec leur *poison* ? Qui est le prochain *poison* dans le champ de votre expertise ? D'autres époques, d'autres ont divagué sur leurs représentations personnelles traitant des groupes sociaux de *parasites* ou stigmatisant des *doigts crochus*... Et voilà maintenant le *poison*. Permettez-moi de vous dire que ça pue ! ».

« N'écoute pas ce docteur, Valérie ! Tu es trisomique mais tu m'as tant appris... Il ne te connaît pas... Il est peut être docteur, mais il ne connaît rien ! ».

« Comment peut-on dire des choses si horribles et jeter du fiel au cœur des familles et de la société ? Il faut être irresponsable ou vouloir briser les solidarités et les structures sociales pour traiter de *poison* un être humain. »

« Éducateur spécialisé, j'ai pu travailler dans différents foyers où vivaient des personnes dites trisomiques. Je peux témoigner de leur richesse affective, et de ce qu'elles apportent de joie dans un groupe. Les *empoisonneurs*, ce sont, très concrètement et au sens strict du terme, ceux qui depuis longtemps organisent le massacre de ces enfants différents. »

« Atterrant. M. Vincent et Mme Halmos ont-ils déjà entendu une femme dire que son enfant était un *poison* pour sa famille ou qu'elle regrettait de ne pas l'avoir avorté ? Bienvenue à Gattaca. »

« Des déclarations comme celles de Jean-Didier Vincent décrédibilisent totalement votre émission ! Vous ne devriez plus jamais inviter de tels « experts » qui sont peut-être des experts en biologie (et encore, sans jeu de mots, défendent-ils la bio ou leur logie ?). En tous les cas, ils ne sont malheureusement pas des experts en humanité. Lamentable et honteux ! ».

« Nous sommes tous le poison de quelqu'un et M. Vincent, vous savez maintenant de qui vous êtes le *poison* ! Grâce à notre *poison*, nous avons été empoisonnés et vivons une vie familiale extrêmement riche et intéressante. M. Vincent, êtes-vous vraiment un homme heureux ? Le bonheur est-il lié à un chromosome ? ».

« Monsieur, pour de tels propos, certains sont passibles de tribunaux. À défaut, c'est le tribunal de votre conscience qui devrait vous obliger de demander pardon à toutes celles et ceux atteints par une anomalie de cette nature et à leurs familles, car la dignité de l'homme vient de ce qu'il est et non de ses compétences ni de sa conscience. »

Arrêtons les citations à cet envoi du Dr de Broca, neuropédiatre, qui sauve l'honneur de la médecine. Il n'était malheureusement pas possible de reproduire toutes les réactions, même si elles le mériteraient toutes.

Finalement, on compte désormais deux « Monsieur Vincent ». L'un, au XXIe siècle, qui s'est illustré avec *Les trisomiques sont un poison !*, et l'autre, au XVIIe siècle, qui a préféré *Les pauvres, ils sont nos maîtres !* On voit à quel point la civilisation a progressé. Toutefois, à la lecture de ces témoignages, il semble que les Français aient manifesté leur préférence.

Le problème soulevé par les propos du Pr Jean-Didier Vincent est nouveau. Il n'est pas celui, souvent évoqué à juste titre et qui comporte des solutions, de l'acceptabilité plus ou moins évidente des enfants handicapés dans une famille. Non, et on le relève nettement dans les réactions mentionnées, la question est celle de l'émergence de la haine dans le discours public.

Le mot de *poison* est irrattrapable, il ne comporte aucun synonyme positif. Il est insoluble, il exclut toute issue autre que radicale. Il est indépassable, il ne peut susciter que de la haine.

Au surplus, le *poison* est légion. Il arrive flanqué de son armada : empoisonneur, empoisonné, empoisonnement... Si le trisomique est un *poison*, qui est l'empoisonneur sinon la famille qui l'inocule ? Qui est l'empoisonné sinon la société inoculée qui meurt du *poison* ? Qui peut combattre l'empoisonnement sinon la médecine qui délivre le contrepoison ?

Là encore, le livre de Götz Aly *Les anormaux* peut nous aider à comprendre. Dans ce livre, il n'est pas rapporté que des mots de haine aient été particulièrement exprimés par le régime nazi à l'égard des *anormaux* : ce n'était évidemment pas de la vertu puisque l'issue était fatale, mais peut-être n'était-ce pas nécessaire.

« Les remarques par lesquelles ils [les personnels décisionnaires des arrêts de mort] justifiaient leurs décisions ne dénotent aucune aspiration eugénique ni aucun intérêt particulier pour la santé du peuple. Elles ne procédaient d'aucune idéologie et d'aucune théorie des races mais de la seule logique de l'employé qui cherche à faciliter sa vie professionnelle. »

Les *idiots mongoloïdes* étaient qualifiés de bouches inutiles, de coûts trop élevés pour la société et on leur souhaitait une mort par compassion. Semblait-il inutile de les haïr dans le discours public ? C'est possible. En tout cas, la force brutale du régime faisait le reste.

Aujourd'hui, les choses sont différentes. L'inutilité ou le coût social – dont les représentants les plus nombreux sont loin d'être les trisomiques – ne sont plus des arguments assez convaincants pour nos contemporains. Sans raison plus vigoureuse, il n'est pas certain que nos sociétés libérales achèteraient, de leur propre initiative, un test de dépistage capable d'éliminer la trisomie 21 par élimination des trisomiques. En revanche, transformer ces derniers en *poisons* est beaucoup plus efficace. Ce n'est ni plus ni moins qu'un argument de vente solide. Une découverte scientifique permet une application dans le dépistage de la trisomie. Ce dépistage anténatal est transformé en offre médicale lucrative dont la clé de voute est l'avortement présenté comme l'alternative – définitive – à la naissance d'un enfant trisomique. Pour que « ça marche », il faut nécessairement que la demande soit à la « hauteur » de l'offre proposée. Si l'offre se présente comme un contrepoison à la trisomie, alors la trisomie doit être érigée au rang de poison. Car il est impossible de vendre un antidote au malheur sans désigner le malheur.

Pour le dire autrement, la force du raisonnement sociétal qui permet d'éliminer les handicapés semble inversement proportionnelle à la force du régime politique. Dans un régime autoritaire, l'élimination des handicapés peut s'appuyer sur des arguments « faibles ». Dans une société libérale, l'élimination des handicapés doit s'appuyer sur des arguments « chocs » : ce sont des poisons.

À sa décharge, si l'on peut dire, le Pr Jean-Didier Vincent n'est ni le premier, ni le seul à susciter de la haine envers la personne trisomique. Dans les années 2000, les affaires judiciaires qui avaient conduit les tribunaux à considérer la naissance d'enfants handicapés (majoritairement trisomiques) comme un préjudice et à condamner les médecins qui leur avaient donné la vie, se nourrissaient aussi de la haine. En effet, la seule façon pour les médecins de s'exonérer de cette accablante responsabilité eût été de donner à leurs mères les moyens d'avorter. La Cour de cassation avait donné raison à ces dernières avant qu'une loi ne vienne heureusement remettre en cause cette jurisprudence. Le sénateur Caillavet, radical de gauche, nommé par Jacques Chirac au CCNE, n'avait-il pas donné le ton en disant au sujet de l'affaire Perruche que « permettre à un enfant handicapé de venir au monde est une faute parentale et peut-être même le témoignage d'un égoïsme démesuré » ?

La naissance imparfaite tenue pour un préjudice est une vision typiquement transhumaniste.

Elle rejoint d'autres positions voisines qui existent dans le monde. Par exemple, celle du Pr Peter Singer, de l'université de Princeton, pour lequel il est plus grave de tuer un singe d'une espèce protégée qu'un enfant trisomique. Ou celle du Pr Richard Dawkins, de l'université d'Oxford. En août 2014, on lui avait posé la question : « Est-il civilisé d'éliminer les enfants trisomiques ? ». « Oui », répondit Dawkins, qui ajouta que « ne pas avorter un trisomique est immoral ».

Mais peut-on aller plus loin dans la compréhension du phénomène ? À cette fin, il n'est pas inutile d'examiner si les outils forgés par le philosophe René Girard, récemment disparu, nous permettent de regarder cette tragique quête du bonheur comme une sacralisation de la violence. Celui-ci a défini quatre stéréotypes de la persécution. Le premier est celui qu'il appelle la crise indifférenciée : les violences persécutrices se déroulent toujours dans des périodes de crise caractérisées par la défaillance des institutions et l'émergence de masses susceptibles d'exercer sur elles des pressions décisives. Viennent ensuite les accusations stéréotypées tendant à rechercher celui qui est le fauteur, le responsable, le coupable du malheur. Qui fait la désolation des femmes enceintes et des familles confrontés à la maladie et au handicap, le tourment des professionnels de la santé, l'appauvrissement des finances publiques, si ce n'est un être qui concentre tous les éléments négatifs ? On en arrive ainsi au troisième stéréotype de la persécution : les traits universels de la sélection victimaire. Celui qui collectionne les signes victimaires, c'est l'enfant trisomique. Son dysmorphisme s'oppose à la beauté, ses pathologies contrarient la santé, son vieillissement prématuré est une injure à la jeunesse, son inutilité va contre la performance, son retard mental est l'inverse de l'intelligence, sa dépendance le contraire de la richesse, etc. L'enfant trisomique est donc désigné comme une cible consensuelle idéale. Enfin, le quatrième stéréotype de la persécution est celui de la violence. Si cet enfant porte en lui le principe du malheur et du désordre, c'est le sacrifice de sa vie qui va rétablir l'ordre et le bonheur. La victime trisomique va d'abord faire l'unanimité contre elle, puis autour d'elle. Ainsi s'explique que l'on puisse passer de la haine à l'admiration. Les déclarations incantatoires en faveur des personnes handicapées sont d'autant plus enflammées qu'on fait tout pour qu'elles ne naissent pas. Les trisomiques n'ont jamais été plus présents sur les tréteaux que depuis qu'ils disparaissent des berceaux. En donnant des rôles aux personnes trisomiques dans des films ou des publicités, la société marchande s'acquitte à bon compte de sa dette de reconnaissance à la trisomie qui lui rapporte tellement plus par ailleurs.

15

La censure du CSA

Plus tard, on oubliera peut être l'état d'esprit qui prévalait au moment où s'est installé le transhumanisme. « Cette insinuante combinaison du destin qui fait tout pour nous persuader, de jour en jour, d'heure en heure, que la guerre est inévitable, qu'elle viendra de la bêtise démocratique, ou de quelque autre fatalité, mais qu'elle viendra », écrivait Brasillach dans *Notre Avant-Guerre*.

Un jour, en France, en plus du reste, il y eût la censure.

Une vidéo, interprétée par des jeunes trisomiques et leurs mères, avait été réalisée à l'occasion de la journée mondiale de la trisomie du 21 mars 2014. En voici la transcription :

« Le 9 février, nous avons reçu un email d'une future maman : « J'attends un enfant, j'ai découvert qu'il a le syndrome de Down, j'ai peur, quelle sorte de vie aura mon enfant ? », Aujourd'hui, nous lui répondons ceci : « Chère future maman, n'aie pas peur. Ton enfant pourra faire beaucoup de choses. Il pourra te faire des câlins. Il pourra courir vers toi. Il pourra parler et te dire qu'il t'aime. Il pourra aller à l'école. Comme tout le monde. Il pourra apprendre à écrire. Il pourra t'écrire, si un jour il est loin, parce qu'en effet, il sera capable de voyager aussi. Il pourra aider son père à réparer son vélo. Il pourra travailler et gagner son salaire. Avec son salaire, il pourra t'inviter à dîner. Ou louer un appartement et aller y vivre tout seul. Parfois, ce sera difficile. Très difficile. Presque impossible. Mais est-ce que ce n'est pas pareil pour toutes les mères ? Chère future maman, ton fils pourra être heureux, comme je le suis, et tu seras heureuse aussi. N'est-ce pas maman ? »

Les personnes trisomiques peuvent vivre une vie heureuse. Ensemble, nous pouvons faire que ce soit possible. Tout le monde a le droit d'être heureux. »

Comme on le voit, il s'agissait d'un message d'une virulence insoutenable...

Après s'être réuni en assemblée plénière, rien que cela, le 25 juin 2014, le Conseil supérieur de l'audiovisuel (CSA) a condamné comme suit la diffusion, par trois chaînes de télévision, de cette vidéo parmi les publicités. La décision a été publiée le 25 juillet 2014 :

« Le Conseil a été saisi de plaintes à la suite de la diffusion, dans les écrans publicitaires de M6,

Canal + et D8 entre le 21 mars et le 21 avril 2014, d'un message de sensibilisation à la trisomie 21. (...)

Le Conseil considère que ce message ne relève pas de la publicité au sens de l'article 2 du décret du 27 mars 1992. Bien qu'ayant été diffusé à titre gracieux, il ne peut pas non plus être regardé comme un message d'intérêt général au sens de l'article 14 de ce même décret, puisqu'en s'adressant à une future mère, sa finalité peut paraître ambigüe et ne pas susciter une adhésion spontanée et consensuelle. En conséquence, le Conseil considère qu'il ne pouvait être inséré au sein des écrans publicitaires.

S'inscrivant dans une démarche de lutte contre la stigmatisation des personnes handicapées, ce message aurait pu être valorisé, à l'occasion de la Journée mondiale de la trisomie 21, par une diffusion mieux encadrée et contextualisée, par exemple au sein d'émissions.

Le Conseil est intervenu auprès des chaînes, afin de leur demander, à l'avenir, de veiller aux modalités de diffusion des messages susceptibles de porter à controverse.

Il a été répondu en ce sens aux plaignants. »

Au cas où la viscosité mentale des lecteurs ne leur aurait pas permis de bien comprendre la finesse de son raisonnement, le CSA a communiqué, à nouveau, une semaine plus tard, le 31 juillet 2014, un texte complémentaire, qui se présentait comme une mise au point sur sa décision :

« Dans le cadre de ses missions, le Conseil ne cesse de soutenir toute initiative de lutte contre la stigmatisation des personnes handicapées et en faveur de leur insertion dans la société. À ce titre, il encourage l'ensemble des médias audiovisuels à donner une image profondément respectueuse de leur vie personnelle et sociale.

Concernant le message « *Chère future maman* » qui met l'accent sur les possibilités offertes grâce à leur entourage aux enfants trisomiques, le Conseil n'a nullement entendu gêner sa diffusion à la télévision. En effet, il a constaté que ce message présente un point de vue positif sur la vie des jeunes trisomiques et encourage la société à œuvrer à leur insertion et à leur épanouissement.

Cependant, le Conseil a observé au vu de plaintes que, pour autant, ce message était susceptible de troubler en conscience des femmes qui, dans le respect de la loi, avaient fait des choix de vie personnelle différents. Il s'est borné à en tirer la conséquence que son insertion au sein d'écrans publicitaires était inappropriée. »

L'enchaînement impeccable de ces deux productions du CSA est un cas d'école. Le second texte confirme point par point le premier. En se défendant maladroitement de porter atteinte à la stigmatisation des personnes handicapées, le CSA aggrave son cas, il persiste et signe. On ne sort de l'ambiguïté qu'à son détriment. Le CSA n'est absolument pas ambigu quand il souligne, à deux reprises, que le bonheur des personnes trisomiques ne peut pas être montré au public. C'est très clair et même vertigineux de clarté : le bonheur des trisomiques ne peut pas être montré pour la seule et unique raison qu'il culpabilise les femmes qui ont fait « un choix de vie différent », c'est-à-dire celui de donner la mort à leur enfant trisomique. Voilà l'argument central du CSA. Ce faisant, le conseil supérieur de l'audiovisuel fait expressément le choix de privilégier le droit des femmes à avorter par rapport à celui des trisomiques de vivre et de dire qu'ils vivent heureux. Le droit des féministes, selon le CSA, irait jusqu'à étouffer le droit des rescapés de l'avortement à signaler qu'ils existent, même dans un statut de minorité en voie de disparition. Le féminisme, pour se maintenir à tout prix, aurait besoin de nier la liberté d'expression de ses victimes, non pas à se victimiser mais à dire qu'elles restent heureuses, malgré leur situation de cibles ! Cela va très loin... Il est vrai qu'on ne peut pas en même temps promouvoir l'avortement et laisser à ceux qui en ont réchappé la liberté de montrer qu'ils sont heureux. À cette fin-là, toute question sur une éventuelle alternative à l'avortement des trisomiques, fût-elle simplement suggérée, a donc été censurée. Les femmes qui pourraient être tentées de penser autrement ne doivent pas être conduites à le faire. Dans le domaine de l'eugénisme, la fameuse liberté de choix dont on nous rebat les oreilles apparaît pour ce qu'elle est, c'est à dire une pure illusion. Les trisomiques qu'on cachait encore jusqu'à la fin des années 1950 retrouvent leur condition de sous-hommes, de déchets de l'humanité, de ratés du progrès transhumain. Une femme moderne, une vraie, tournée vers l'avenir, ne donne pas naissance à un enfant trisomique. La pensée qu'on puisse ne pas le tuer est criminalisée. Le choix c'est « Mongol No More ». Point final.

Il y aurait beaucoup de choses à dire sur ces textes. Leur caractère idéologique est tellement grossier que le lecteur n'a presque pas besoin d'être guidé pour s'en rendre compte. Limitons nous à trois observations sur la dimension transhumaniste de l'avis du CSA, sur le silence imposé aux femmes et sur le scandale des prétendues plaintes.

À première vue, le CSA pourrait donner l'impression d'avoir défendu le droit des femmes. En réalité, il les a trompées. Il a commis un acte d'allégeance typiquement transhumaniste à la technique et au marché. Pourquoi les mamans de myopathes ou d'autistes, par exemple, ont-elles le droit d'interpeller régulièrement l'opinion dans les médias par des messages émouvants ? La vie de jeunes myopathes est-elle plus enviable que celle des enfants trisomiques ? Hésite-t-on à donner des dizaines d'heures de télévision aux premiers et pourquoi les refuse-t-on aux seconds ? La réponse est extrêmement simple : il y a un marché mondial du dépistage de la trisomie, mais il n'y en a pas pour la myopathie ni pour l'autisme qui sont des maladies rares, donc non rentables, ce que n'est pas la trisomie. D'ailleurs, le CSA souligne que le message positif de la vidéo sur la trisomie « ne peut pas être regardé comme un message d'intérêt général », alors qu'on clame en même temps que le dépistage de la trisomie, lui, est bien d'intérêt général puisque tous les médecins ont l'obligation légale de le proposer à toutes les femmes de tous âges. Le dépistage de la trisomie auprès d'une population captive est donc d'intérêt général, mais l'accueil de l'enfant trisomique ne l'est pas. Inconsciemment peut-être, mais réellement, le CSA a instrumentalisé le féminisme pour dérouler un tapis rouge aux marchands d'eugénisme. Une manœuvre qui n'a pas échappé à certaines féministes désireuses de ne pas voir leur cause entachée d'eugénisme.

Le Conseil Supérieur de l'Audiovisuel a aussi insisté sur la mauvaise conscience créée chez les femmes qui auraient fait des choix de vie différents, c'est-à-dire qui n'auraient pas gardé leur enfant trisomique. Le CSA a vu dans ce clip une culpabilisation des femmes qui en ressentiraient donc une souffrance. Mais sa vision est très contradictoire. Depuis quarante ans, on ne peut pas dire que le législateur ait ménagé ses efforts pour faire disparaître cette fameuse culpabilisation dont on a tant reproché l'origine religieuse. Comment expliquer qu'elle demeure ? De deux choses l'une, ou nous avons des lois qui ont érigé l'avortement en « droit fondamental », la culpabilisation n'a alors plus sa place et, au nom de la liberté de choix, il faut se réjouir du choix fait par certaines femmes de garder leurs enfants trisomiques. Ou il demeure envers et contre tout une culpabilisation qui n'a plus rien de religieux depuis belle lurette, mais alors il faut s'interroger sur son origine. Et dans ce cas, comment admettre qu'on puisse guérir d'une souffrance en la faisant taire ? Tel est pourtant la position du CSA qui d'un côté a reconnu une souffrance persistante et de l'autre a interdit sa verbalisation dans une société où, à la moindre occasion, on navigue entre « groupes de paroles » et « cellules psychologiques ». Ce refus obstiné d'affronter la réalité de l'avortement eugéniste, le dernier tabou, dans un déni qui devient historique a pour conséquence de renforcer à la fois la culpabilisation et l'eugénisme. Car la censure d'un petit film de quelques minutes ne suffira jamais à protéger les femmes du souvenir d'un enfant perdu ! Penser cela est puéril. La question n'est pas là. Elle est à l'intérieur du cœur des femmes. Jusqu'au dernier, chaque enfant trisomique rencontré, aperçu, évoqué, sera toujours un reproche vivant pour une femme qui a fait ce fameux « choix de vie différent ». À la limite, il faudrait que les enfants trisomiques n'existent plus du tout pour que la cicatrice de l'avortement eugéniste ne risque plus de se rouvrir jamais chez les femmes qui y ont eu recours. La vidéo *Chère future maman* serait ainsi le révélateur d'un drame inguérissable, en même temps avoué et tenu secret par le CSA, celui de l'auto-culpabilisation purement laïque des femmes après l'avortement d'enfants trisomiques. En somme, l'acharnement contre la trisomie a réussi ce tour de force consistant à créer une culpabilisation dans tous les cas de figure : tant pour les femmes qui gardent leur enfant que pour celles qui ne le gardent pas.

La vérité doit être connue. Le CSA a été manipulé et il a manipulé l'opinion publique. Il a été manipulé parce que le seul effet de son intervention a été de « monstrualiser » encore davantage la trisomie, comme au bon vieux temps du mongolisme, pour le plus grand bénéfice de l'industrie du dépistage anténatal qui a besoin de ce repoussoir pour vendre. En voici la preuve. Dans une émission de France Culture qui a suivi cette affaire, un journaliste interrogeait Caroline Eliacheff, pédopsychiatre et psychanalyste, en évoquant les trisomiques censurés du CSA : « Mais est-ce que ce sont eux alors qui sont concernés par, justement, l'annonce du laboratoire Cerba ? ». Et Caroline Eliacheff de répondre longuement en débutant ainsi son intervention : « Eh bien pour comprendre le vaste marché que le laboratoire Cerba ambitionne de conquérir, etc. (...). » Le lien a donc été fait immédiatement entre la censure des jeunes trisomiques et les nécessités du marché.

Ensuite, le CSA a lui-même manipulé l'opinion publique en faisant croire qu'il agissait sous la pression de nombreuses plaintes. Quand la première intervention du CSA a commencé par ces mots : « Le conseil a été saisi de plaintes », et s'est terminé par ceux-ci : « Il a été répondu en ce sens aux plaignants », on imaginait qu'un sac de courriers attendait dans le couloir du Conseil. Quand le CSA a cru opportun de ressortir un second communiqué une semaine plus tard et a répété : « Le conseil a observé au vu des plaintes », on pensait que les sacs de courriers s'accumulaient...

Une enquête a permis d'obtenir une copie des plaintes dont le CSA avait été saisi préalablement à sa réunion plénière du 25 juin 2014 et de révéler une désinformation manifeste.

En effet, les plaintes au CSA n'étaient qu'au nombre de deux et deux seulement ! Parmi ces deux plaintes, une seule était signée par une femme qui avait subi l'avortement d'un enfant trisomique et s'en lamentait d'ailleurs en ces termes : « Nous vivons avec ce mal être et ce deuil tous les jours de notre vie. » C'est donc sur la base de deux plaintes dont un unique témoignage en forme de remords que le CSA a découragé l'accueil d'enfants trisomiques et encouragé l'eugénisme, faisant le lit d'un monde transhumaniste où l'homme augmenté remplace peu à peu l'homme diminué.

Qu'une institution étatique soit capable de faire taire les rescapés de l'éradication des « imparfaits », au risque de laisser se poursuivre en silence une éradication parfaite, sans donner mauvaise conscience à personne, cela ne veut dire qu'une chose : la guerre est perdue.

Mais quand de très jeunes gens, issus d'on ne sait quel miracle, commencent à monter en première ligne pour remplacer leurs aînés complices, défaillants ou isolés, la guerre peut prendre un autre tournant.

C'est ce qui s'est passé dans le cadre du concours de plaidoirie des élèves avocats 2015, organisé par le Mémorial de Caen. Une étudiante encore en école d'avocats, Mariette Guerrien-Chevaucherie, a bravé tous les interdits, tous les tabous, toutes les hypocrisies, pour prononcer la plaidoirie que voici :

« Nous ne sommes pas aujourd'hui à l'autre bout du monde, au chevet d'Asia Bibi, promise à la pendaison ; nous ne sommes pas non plus dans les ténèbres de Guantanamo.

Monsieur le Président, Mesdames, Messieurs les membres du jury, nous sommes à Paris, en France, berceau de ce qui fait notre fierté, les droits de l'Homme.

Le 25 juin 2014, le CSA a censuré un court métrage de sensibilisation à la trisomie 21 diffusé par M6, Canal+ et D8 et visionné plus de 5 millions de fois sur internet.

Dans ce court métrage, intitulé « Chère future maman » plusieurs enfants et jeunes adultes trisomiques s'adressent à une future maman enceinte d'un enfant atteint de trisomie 21. Ils lui expriment toute la joie, l'amour que son enfant trisomique peut lui apporter. À cette occasion, les personnes trisomiques nous disent qu'elles sont heureuses, qu'elles peuvent vivre, travailler et aimer comme tout le monde.

Le 25 juin 2014, le Conseil a censuré ce témoignage en considérant « qu'il ne relève pas de la publicité au sens de l'article 2 du décret du 27 mars 1992. Bien qu'ayant été diffusé à titre gracieux, il ne peut pas non plus être regardé comme un message d'intérêt général, au sens de l'article 14 de ce même décret, puisqu'en s'adressant à une future mère, sa finalité peut paraître ambiguë et ne pas susciter une adhésion spontanée et consensuelle ».

Parce qu'elles apparaissaient heureuses, les personnes trisomiques se sont vues retirer le droit de s'exprimer librement au sein des écrans publicitaires.

Choquée par une telle décision, une des jeunes actrices du court métrage, Inès trisomique, a formé un recours pour excès de pouvoir devant le Conseil d'État pour atteinte à sa liberté d'expression.

Liberté fondatrice de la Convention européenne des droits de l'homme, pierre angulaire, orgueil de l'Occident, cheval de bataille de nos grands philosophes ! « Je ne suis pas d'accord avec ce que vous dites, mais je me battrai jusqu'au bout pour que vous puissiez le dire ! »

Les personnes atteintes de trisomie 21 ont, sur le fondement de l'article 10 de la Convention, le droit à la liberté d'expression. Inès a le droit de s'exprimer, sans restriction et sans pudeur. Elle a ce droit comme chacun de nous.

Le 25 juin 2014, elle a été marginalisée, dans une société où la faiblesse humaine n'est pas la bienvenue.

Sur ce constat, je soulève devant vous le non-respect de l'article 14 de la Convention qui interdit les discriminations.

Pour se justifier, le CSA retient trois arguments.

Il considère en premier lieu que ce message n'est pas d'intérêt général. Mais qu'est-ce que l'intérêt général ?

L'intérêt général, c'est l'intérêt de la société dans son ensemble, le vôtre, le mien, celui des personnes handicapées (...).

Je considère qu'il est dans l'intérêt général que la capacité des enfants trisomiques à propager du bonheur autour d'eux soit connue de tous. Sauf à considérer que les personnes trisomiques n'ont pas les même droits que les autres, parce qu'elles ont un troisième chromosome 21 (...).

En deuxième lieu le CSA avance que la finalité de ce message « peut paraître ambiguë et ne suscite pas une adhésion spontanée et consensuelle ».

Alors oui, ce spot peut mettre mal à l'aise. Il dérange. Il culpabilise. Cependant, il n'est pas le premier en la matière. Je tiens à rappeler que des spots choquants sont diffusés à foison sur nos écrans télévisés. Je pense notamment aux courts métrages sur la sécurité routière qui nous glacent le sang. Qui oserait dire qu'ils sont inutiles ? Qui oserait dire qu'ils ne culpabilisent pas les mauvais conducteurs ?

Le CSA les autorise car il est évident que dans notre for intérieur, nous sommes réceptifs aux messages de sensibilisation qu'ils transmettent.

Pourquoi alors refuser la libre parole aux personnes trisomiques sous prétexte que leur spot ne susciterait pas une adhésion spontanée et consensuelle ?

Si toutes les émissions et spots télévisés devaient susciter une telle adhésion, imaginez-vous toutes les suppressions qu'il faudrait réaliser au sein des programmes télévisés !

En troisième lieu, le CSA conclut en énonçant que ce message « s'inscrivant dans une démarche de lutte contre la stigmatisation des personnes handicapées, aurait pu être valorisé, à l'occasion de la Journée mondiale de la trisomie 21, par une diffusion mieux encadrée et contextualisée, par exemple au sein d'émissions ».

Les personnes trisomiques devraient alors attendre le 21 mars de chaque année, Journée mondiale de la trisomie 21, pour pouvoir s'exprimer sur les chaînes de télévision publique. Et qui plus est, elles devraient le faire dans le cadre d'un documentaire adapté, pour que chaque personne qui visionne ce spot ne soit pas surprise, et ne le voit pas sans le vouloir.

De quel droit une parole doit-elle être contextualisée ? Parce qu'Inès est trisomique, alors sa parole est bridée, rangée bien soigneusement dans les documentaires scientifiques.

Monsieur le Président, Mesdames, Messieurs les membres du jury, l'une des missions du CSA est notamment celle de contribuer aux actions en faveur de la cohésion sociale et de lutter contre les discriminations dans le domaine de la communication audiovisuelle.

Le CSA a pour mission de changer notre regard sur le handicap; la trisomie 21 fait peur car elle est méconnue, car elle marque la différence, car elle n'est pas normale.

Mais qu'est-ce que la normalité ?

Monsieur le Président du CSA, Défendez les ! Défendez le droit des personnes handicapées de s'exprimer librement et par tous les canaux de communication possibles; défendez leurs droits à se faire connaître, à se faire aimer !

En bridant leur liberté d'expression, vous les condamnez à l'oubli; le grand public doit savoir que l'on peut être handicapé et heureux !

Je ne souhaite de votre part, aucune pitié ni aucune complaisance. C'est de sagesse dont il est question aujourd'hui. Le Professeur Jérôme Lejeune, pionnier de la génétique moderne, découvreur de la trisomie 21, n'en a pas manqué. Pour lui, la trisomie 21 a été le combat d'une vie. Il disait en ces mots : « Je n'ai plus qu'une solution pour les sauver, c'est de les guérir. » La guérison est en marche, en attendant ce jour, faisons preuve de sagesse, acceptons la différence.

Reconnaissons le droit aux personnes handicapées de s'exprimer librement.

Monsieur le Président du CSA, pour l'honneur de l'institution que vous représentez, pour la liberté d'expression des personnes handicapées, annulez courageusement votre décision.

Monsieur le Président, Mesdames, Messieurs les membres du jury, je n'ai qu'une question à vous poser :

« Doit-on nier le droit aux personnes trisomiques de s'exprimer librement au grand au grand public au motif que leur joie, leur vie, et leur bonheur seraient culpabilisants ? »

À la question de savoir pourquoi Mariette Guerrien-Chevaucherie avait choisi la liberté d'expression bafouée comme sujet de sa plaidoirie, la jeune élève avocate a répondu :

« La censure du CSA a été un électrochoc. Je n'en revenais pas. Étant grande sœur d'une adorable petite fille trisomique, j'ai conscience de la difficulté qu'ont les personnes trisomiques pour être acceptées telles qu'elles sont. Alors, la censure du CSA m'a mise en colère, d'autant qu'elle était fondée sur des motifs incompréhensibles. C'est une réelle déception de constater qu'aujourd'hui la trisomie 21 est mise de côté par nos institutions. Pour moi, en refusant aux personnes trisomiques de prendre la parole librement à la télévision, le CSA ne les soutient pas ; c'est pourtant un des rôles essentiels de cette autorité administrative. J'avais besoin d'exprimer ma profonde déception face à cette décision injuste. Cette plaidoirie était également l'occasion de faire part d'une valeur fondamentale que l'on m'a transmise : le respect de chaque personne quelle que soit sa différence. Enfin, je désirais surtout exprimer l'idée communiquée par le spot « Chère future maman » selon laquelle la trisomie et le bonheur ne sont pas incompatibles. »

La jeune avocate a rapporté que les échos de sa plaidoirie, au sein du concours, n'ont pas été mauvais, bien au contraire.

« En choisissant la liberté d'expression des personnes trisomiques, j'avais conscience que mon sujet n'était pas conventionnel. Cependant, je n'étais pas là pour le principe du concours mais plutôt pour exprimer des convictions. Je pense d'ailleurs que l'originalité de mon sujet m'a démarquée par rapport aux autres candidats, plaidant essentiellement contre des atteintes aux droits de l'Homme relevant d'actes de torture et de barbaries. Suite à ma sélection, j'ai été agréablement surprise par les félicitations spontanées d'élèves avocats de mon école. Je ne m'attendais pas du tout à ce que ma génération apprécie et encourage un tel sujet. C'est un vrai espoir pour l'avenir ! Au Mémorial de Caen, il m'a d'ailleurs semblé que l'enthousiasme s'est confirmé, alors même que je n'avais pas gagné. J'ai en effet eu la surprise de recevoir en nombre les félicitations de personnes d'horizons totalement différents. »

Cette jeune fille avait dit non, l'erreur n'est pas la vérité, le mal n'est pas le bien, la mort n'est pas la vie.

Il n'en faut pas davantage...

Conclusion

Pour permettre à l'auteur de rester, dans la mémoire du lecteur, un être raisonnablement optimiste, il serait bon que je termine cet essai en le relativisant avec une pensée lénifiante comme : « Nul ne sait de quoi l'avenir sera fait », ou : « La sagesse finira bien par l'emporter », ou encore : « L'accueil des plus vulnérables a beaucoup progressé dans notre société ».

Croyez bien que j'aurais aimé terminer en beauté, mais il me sera difficile de tenir cette posture, tant je sais, en l'occurrence, de quoi l'avenir sera fait : quand ce n'est pas un principe moral qui préside à une décision, c'est le marché.

N'obéissant qu'à cette règle, *La Ruée vers l'Or des Mongols* est en pleine effervescence, elle bat son plein, elle fait recette. Rien ne l'arrêtera.

Le nouveau test de dépistage de la trisomie est réputé ne poser aucun problème moral. C'est là sa principale force. Ainsi en ont décidé le comité d'éthique, les experts scientifiques, le corps médical, les associations de personnes handicapées, les autorités morales, les médias et pour finir les politiques, qui n'ont fait que suivre les autres. Je les ai rencontrés. Toutes les portes sont ouvertes à ce qu'ils appellent, par principe, le progrès, ils me l'ont dit. Mieux, ce nouveau racisme du gène a réussi à désarmer les plus réticents en se faisant passer pour une procédure économe de vies humaines, mais de vies humaines en bonne santé, c'est-à-dire en vendant le principe même de l'eugénisme à ceux qui auraient dû nous en prémunir. Ce qui aurait dû être le plus difficile à admettre a été, en fait, le plus facile à installer.

La seule question qui se pose est économique : comment résister le plus mollement possible à la pression d'un marché concurrentiel international qui pousse la collectivité à acheter ce test pour le mettre à la disposition gratuite du plus grand nombre de femmes ? Et comment se soumettre, sans trop de frais, à cette tyrannie de l'égalité, de l'égalité d'accès de toutes les femmes « sans condition de ressources » à ce qui leur a été présenté aveuglément comme un *must* exigible dans le domaine de la santé ?

Car il ne faut pas oublier que la logique commerciale a déjà permis à ce test d'être mis sur le marché français par le laboratoire Cerba, en situation de monopole, et d'être utilisé à l'Hôpital américain de Paris, sans toutefois être encore remboursé par l'assurance maladie. Le pied a été engagé dans la porte. Dès lors, il est évidemment insupportable pour une opinion conditionnée de savoir que seules les femmes les plus riches pourront s'offrir ce fleuron de la technoscience et que l'État reste sourd à la détresse des pauvres. Impossible de tenir longtemps le grand écart.

Aujourd'hui, le rapport coûts/bénéfices du nouveau test n'est pas encore favorable. Il reste plus cher que le système actuel, mais pour très peu de temps sans doute. En réalité, depuis son démarrage scabreux à San Diego, dans les conditions qui ont été rappelées, sa performance a été volontairement surestimée et lâchement survendue. De sorte que les autorités de santé sont dorénavant acculées à tenir deux positions aussi inconfortables l'une que l'autre : continuer sur les errements antérieurs à laisser les femmes aller trop nombreuses au test invasif (amniocentèse) avec le risque de fausse couche de fœtus sains ; laisser les femmes attendre que le nouveau test non invasif délivre enfin ses promesses avec toutefois des incertitudes qui ne pourront être levées, malgré tout, que par un recours à l'amniocentèse. Et avec un coût qui reste provisoirement prohibitif.

Concrètement, il est très clair que c'est le marché, et le marché seul, qui décidera. Dans quelques mois, les résultats du nouveau dépistage seront plus fiables, plus rapides et les prix baisseront. Déjà, à la demande du ministère français de la santé, la Haute autorité de santé (HAS) a dévoilé ses batteries. Dans un rapport rendu public le 18 novembre 2015, elle a analysé les données de la littérature et objectivé les performances des tests : taux de détection supérieur à 99 % et taux de faux positifs inférieur à 1 %. Procédure fermée, sans interaction avec des experts ou des parties-prenantes. Relecture par des personnes ayant probablement des conflits d'intérêts, comme Yves Ville (conseiller de Sequenom qui a produit le test) ou Alexandra Benachi (expérimentateur du test avec Cerba qui le commercialise déjà en France). Selon les propres termes de la HAS, il ne reste plus qu'à attendre les résultats des études françaises, supposés a priori en ligne avec les performances décrites dans la littérature, et réviser les modalités de dépistage actuelles, c'est-à-dire traiter les enjeux éthiques, économiques et organisationnels. Médiocres problèmes d'intendance. Mais la messe est dite. Dès que la balance coût/bénéfice deviendra favorable, le remboursement du nouveau test sera inévitablement pris en charge par la collectivité. Et, progressivement, on l'étendra au maximum de ses possibilités, des femmes à risque aujourd'hui à toutes les femmes qui le souhaitent demain, c'est-à-dire en population générale, officiellement pour ne pas créer un dépistage à deux vitesses accusé d'être inégalitaire. En réalité, pour optimiser le profit. L'envie, soigneusement entretenue en France, est un formidable accélérateur du marché.

Quelques jours avant la sortie du rapport de la HAS, le Dr Jacquemard, coordonnateur du centre pluridisciplinaire de diagnostic prénatal de l'Hôpital américain de Paris (autre conflit d'intérêts ?), vantait dans *Le Monde* les mérites du nouveau test qu'il utilise déjà et annonçait : « Nous changeons d'époque. » « Il ne dit pas dans quelle époque nous entrons. Et c'est bien dommage », ajoute le journaliste Jean-Yves Nau.

Sans attendre, les praticiens sont priés de ne plus faire naître d'enfants trisomiques inopinément et de ne poser – que le moins possible – de geste invasif entraînant la fausse couche d'un enfant sain. Il faut impérativement rester dans la cible ! Leur travail doit être exhaustif et toutes les issues de grossesses seront enregistrées pour faire progresser la science. L'exigence eugéniste a pris un tour de vis supplémentaire. Je connais des services de gynécologie obstétrique où la « tolérance-zéro-triso » est déjà une norme.

Autrement dit, la stratégie, le discours publicitaire du dépistage et le quotidien de la trisomie 21, sont entièrement dictés, pris en main, orientés par le marché, la technologie et la croyance inébranlable qu'il s'agit d'un progrès pour l'humanité. Tout le monde sait que les naissances d'enfants trisomiques diminueront encore jusqu'à l'extinction complète, mais ce n'est pas, ce n'est plus, cela n'a jamais été le problème.

L'objectif est celui d'un « Down-syndrome-free-world ». Un monde débarrassé de la trisomie. Certains pays scandinaves font même de l'éradication complète un objectif affiché publiquement.

Une chose est certaine parce qu'elle est mécanique : le business du dépistage non invasif de la trisomie est un galop d'essai, la préfiguration de ce qui est en train d'arriver pour toutes les autres pathologies et/ou caractéristiques (y compris le sexe et la couleur des yeux) qui seront décelées génétiquement de plus en plus tôt. Les enfants trisomiques sont les souris de laboratoire, les sacrifiés de l'expérimentation, les cobayes du transhumanisme. L'évolution de la société vers le Bien inéluctable a ses martyrs inévitables. Mais le marché est plus prosaïque, il les appelle le Mal nécessaire.

Il est illusoire de penser, sauf miracle, que faire machine arrière est encore possible. Un système qui a réussi à privatiser le ventre des femmes sur toute la planète et à le transformer en magasin sous surveillance a conquis l'eldorado du troisième millénaire.

Je veux livrer un dernier souvenir.

Il y a quinze ans, j'ai rencontré en tête à tête celui qui n'était encore que le cardinal Joseph Ratzinger, pour l'interroger sur cette nouvelle vague d'eugénisme qui a désormais pignon sur rue.

Sur les évolutions récentes de la technique et la liberté de l'homme, la nouvelle élimination des handicapés et le silence des autorités morales d'aujourd'hui, l'extrême solitude et la pauvreté des résistances, j'avais des questions – qui me paraissaient vertigineuses – à poser à celui qui reste l'un des plus grands intellectuels du XXe siècle.

« Vous savez, me dit-il, avant la guerre, j'avais un petit cousin qui était handicapé mental, trisomique, c'était le fils de la sœur de ma mère. Un jour, il fut emmené en institution pour de mystérieux « traitements » mais il ne revint jamais. Il a fait partie de la cohorte des 200 000 handicapés euthanasiés avant la guerre par le régime nazi. »

Le cardinal Joseph Ratzinger ne me cacha pas qu'il voyait évidemment une logique dans l'enchaînement de ces événements, les mêmes causes produisant les mêmes effets, le mépris de l'homme n'étant plus porté par un État autoritaire mais par un marché irrésistible.

Il me parla surtout de Mgr von Galen, cet homme seul qui mit en échec l'*Aktion T4*, non par la conversion des dirigeants ou par une fallacieuse bienveillance à leur égard, mais par le rapport de forces qu'il avait su établir avec eux.

Cet homme seul qui, pendant que les avions britanniques bombardaient sa ville de Münster, continua à dénoncer la mise à mort par l'euthanasie qu'il tenait finalement pour plus grave que les attaques ennemies. C'était plus grave parce que c'était plus injuste ! La mort par la guerre n'était en quelque sorte que le fruit de la mort par l'euthanasie… « la juste réponse de Dieu à des maîtres qui avaient perdu toute crainte de Dieu ».

C'est cette sûreté de jugement, cette finesse de conscience, qui permit à l'évêque de Münster d'impressionner les dirigeants du Reich au point qu'ils interdirent au moins provisoirement, pour préserver ce qui restait d'unité intérieure, les déportations massives d'anormaux.

En me parlant ainsi, avec la douceur qui le caractérisait, le futur Benoît XVI montrait que le combat gagné est un combat perdu d'avance mais poursuivi jusqu'au bout par la parole d'un seul.

Des pays, comme le nôtre, qui retournent légalement les armes contre certains de leurs enfants depuis plus de quarante ans ont entamé la conscience spirituelle, la résistance morale et la stabilité psychique de leurs ressortissants. Ils s'enorgueillissent d'une force qui est de s'attaquer aux faibles. Mais déjà ils désarment la justice, brisent la paix et s'autodétruisent.

Le transhumanisme offre un produit d'appel, autant courtisé par les libéraux que par les libertaires : la traque séduisante et aseptisée des « imparfaits » au nom d'un bien-être mou. La poursuite opiniâtre de cet objectif, dans la mesure où il est inatteignable par définition, garantit une source de profit sans limite. Mais il instille surtout cette forme d'inhumanisme qui dissout l'homme de l'intérieur avant qu'il ne le soit de l'extérieur.

Avec ce nihilisme qu'est le transhumanisme, l'humanité est comme en aplasie, c'est-à-dire qu'elle se prive délibérément de ses défenses immunitaires contre les vraies menaces. Elle montre qu'elle n'a plus envie de vivre que par procuration, dans un futur sans avenir, un virtuel désincarné, un floutage entre la vie et la mort, qui sont loin d'être partagés par toute une partie du monde.

Nul ne conteste aujourd'hui que nous sommes en guerre, mais qui dira que nous devançons le malheur, dans un désespoir ignoré, en créant un état d'exception pour des catégories d'êtres humains et en achetant le silence des agneaux ?

« Ou nous les guérirons de leur innocence, ou ce sera le massacre des innocents », prédisait Jérôme Lejeune.

Je redoute que la réponse aux critiques contenues dans ce livre ne soit, invariablement, de souhaiter la délivrance de plus d'information pour éclairer un libre consentement. Ritournelle dilatoire qui, à l'évidence, est une fausse piste. Car il s'agit d'informer plus pour consentir à quoi ? À l'impeccable logique du mode d'emploi visant à supprimer librement un enfant « imparfait » avec un test parfait. Mais quelle est cette époque qui rend mortelle une maladie qui ne l'est pas et qui, sur la foi de juteux résultats de laboratoire, condamne librement le visage de l'un des nôtres ?

Enfant trisomique, ton visage est ma patrie !

Nous avons besoin d'une Politique, ou mieux encore d'un Régime politique qui – par principe – ne tient pas la vie humaine pour un hasardeux foisonnement du vivant, ne l'utilise pas comme banc d'essai pour la technoscience et ne l'asservit pas à des finalités lucratives.

Renouer avec ce que Chesterton appelait cette « incroyable signification de la vie humaine » est le chemin pour renaître à tout.

Cet ouvrage composé
en Caslon c. 12,5 a été réalisé
par DV Arts Graphiques
à La Rochelle (Charente-Maritime)
et achevé d'imprimer en janvier 2016
sur les presses de l'Imprimerie Corlet
à Condé-sur-Noireau
Dépôt légal : janvier 2016
N° d'imprimeur : 179081
N° d'édition : 148

ISBN 978-2-36371-148-9